俗物图鉴

——流行文化里的日本

汤祯兆 著

前言——日本流行文化观察

汤祯兆

研究日本流行文化是一件吃力不讨好的事（至少在香港乃如是），一方面固然因为其本身的流行小道色彩不为人看重，再加上传媒在传递东洋文化的过程中，习惯了阳奉阴违肆意添加自己个人的主观想法，把资料与感想混作一谈，造出不少"我们"的日本流行文化图像。

香港的日文通较少，这固然是导致以上情况的主因之一，但更重要的是社会上习惯了即用即弃的"传统"，对大众来说，仿佛搞清楚"菅"野美穗并非"管"野美穗不见得有多大的意义。身处这样的写作环境中，面对的难题来自两大方面，一是竭力尝试把讨论的话题努力重新纳回日本人的"语境"，让日本论著的观点首先得以呈现，所以在书中读者可以看到大量具名乃至综合性的日本观点被引述，以图把读者置回"日本"的脉络里去。其次是阐释对话的交锋，换句话说即是提出"我们的"阅读角度，让我们可以从文化论者的位置解释自己的看法，当中牵涉的接受过程，亦有一种纯思考层次的知性讨论。

我在处理写作这一批日本流行文化观察文章之时，大抵没有考虑到太多广义上的文化传递问题，只不过抱着日本迷的身份，去把能力范围内的议题澄清。但写作到了某一个阶段，便觉得和过去念书时期研究香港文学时遇到的障碍相若：在一个不讲求真相的社会中，执着的态度是否为一种罪过；尤其是我们选择了在媒体打滚，而非回到学院做抽离式的观察研究，坦白说愈写下去，委实愈有一种自讨苦吃的感觉。

或许到最后，一切只会成为一种抽象的动力，日本文化观察只是此时此刻的选择而已（事实上日本迷也的确只是自己的"身份"之一），背后的期望是不希望一切过目即忘，也不喜欢身边鱼目混珠的环境。如果可以，就要竭力去共同维持一个人文精神相对健康的空间——因为它正是我们赖以维生的畛域。

1999 年

注：本书《序言》及《后记》中的《俗物图鉴——流行文化里的日本》均简称为《俗物图鉴》。

原版序——我们的文化寂寞心灵

梁文道

这当然是一本评介日本流行文化的书，但它会不会也是一本谈香港、甚至谈台湾的书呢？

印象之中，第一件我非常非常想要拥有的玩具是"神勇飞鹰侠"战机（我忘记在台湾人们是怎么译"神勇飞鹰侠"了）（编者注：台湾称为"科学小飞侠"）。那是一架当年的我不能轻易组装的模型飞机，但我还是在外公的协助下，一块一块地把它拼凑成形。虽然拼得难看，但还是可以拿到街上与同学们敌对的"神勇飞鹰侠"战机一拼，看看谁才是正宗无敌。那时候我们大家都是"神勇飞鹰侠"迷，大家都争着扮演其中角色，争论重点当然是谁扮得最像，谁最正宗。而《神勇飞鹰侠》是一部正宗的日本电视卡通。

在住家附近溜达闲逛的时候，我常常会逛一家破破的书店，蹲着看《三国演义》。看累了，就拿起放在旁边的《机器猫小叮当》（小叮当是怎么看都不会累的，多么奇怪的书籍摆放方法），竹蜻蜓、随意门（又名太极门）是我们每个小孩的玩伴。眯着眼笑嘻嘻地看，全然忘记天色已暗，直到老板不友善地

1

瞪眼，才痛下杀手选一本书，站起身子去付钱。买的当然是《叮当》，《三国》还是下回吧。回到家，外公必查问今天买了什么书，若不慎被他看见漫画封面，"藤子不二雄"不问也可知是日本人，就少不了被外公惨痛地训斥一顿。我知道历史，幼小的我也爱国，但是我也爱叮当呀。

于是，就在一个奇异的脉络里，日本的流行文化就随着种种影像物具交织缠扭进入了香港与台湾好几代人的记忆里。我不晓得其他地区的情况，但起码对香港和台湾而言，日本是自1960年代起最大的青少年文化输出国。若单说我们这些二三十岁的人深受日本影响，恐怕还是看不出日本流行文化形塑我们世界观与价值取向的特殊方式和其作用深度。例如《神勇飞鹰侠》，五个队员里一个正气英俊，一个带点邪气又桀傲不驯，另外还有一个胖子、一个女的和一个小孩子，正是典型"战队"式卡通的组合。透过这些人物，我们初步认识到戏剧叙事的基本角色组合方法，甚至掌握了最简单的人物性格类型。

更复杂的情形是《小甜甜》，整个背景设定在"外国"（其实也就是白种人的国度），其中对贵族与平民关系的处理至今仍留给我深刻的印象。我们等于是透过原产于日本的儿童节目，去"了解"（或误解）"欧美社会"的生活方式，去"认识"富人与穷人间的差异。这是一个转手再转手的文化认识，我们透过原来被安排给日本小孩的一个虚构镜像去看世界。但是又不可以说因此我们就承袭了什么日本文化，因为从这些影像的配音，节目的时段编配，电视在整个家庭生活中的位置，到我们友伴之间的谈话和活动，以至于背后的整个社会脉络，我们都不断地在"脉络化"、"本土化"这些外来片段。

换句话说，对于这些日本普及文化产物，我们自有一套香港式、台湾式的消化方法。终于这些所谓外来物也被赋予了特殊的本地意义，例如在面对凶恶的中学教官时，我们可能会幻想自己是《爱与诚》里勇于与学校师长作对的主角"诚"，进而以他的行事逻辑和他置身其中的格局来想象自身的处境。尽管我们未必了解"诚"原来是日本"太阳族"的类型代表（见本书《太阳族的漫画族谱——"爱与诚"的自我反省》一文）。

　　这种复杂的异文化挪用，正是阿帕杜兹（Arju Appadurai）所宣称的"全球文化经济中的断裂及差异"之一端。我们不能再用"中心—边陲"模式去理解日本与香港和台湾的关系，正如我们也不能以为日本青少年深受美国的次文化影响，就把美国和日本的关系也看作中心对边陲。这样子，我们是无法理解如 Red Wing 品牌皮靴这种美国产品是如何被木村拓哉穿红，因而风靡香港年轻人的情况。所以阿帕杜兹建议"我们应该把新的全球文化经济视为一个庞杂、重叠、断裂的秩序"。他用"媒介地形"（Mediascapes）这个概念来解释我们面对的文化断裂秩序："'媒介地形'一方面指电子媒介的分布。这些媒介生产及散布各种信息（报纸、杂志、电视、电影制作），而且服务于全球众多的私人及公众利益；另一方面媒介地形包括其所产生的世界影像，这些影像涉及诸多复杂影响……向世界各地观众提供大量及复杂的影像目录、叙事剧目及'族群地形'，世界变成混合了商品、'新闻'及政治世界的大杂烩。"

　　媒介地形大致来说都是以影像为中心、叙事为基础的记录，是描画真实的片段。受众接受、激化及运用这些片段，而片段亦为受众提供一系列的元素（例如人物、情节及文本形成），这些信息片段既是自己想象的各种生活世界的原材料，亦构成别人的想象世界；片段分散成一套又一套复杂的、让人们赖以维生的比喻……"

我以为汤祯兆在这本书里所做的，就是把那些已经为我们这几代人和将会是下一代年轻人生活中重要比喻的片段，"还原"到它们原来的生产脉络里。可是，问题在于为什么汤祯兆要这么做，这样做的意义在哪里，而所谓的"还原"可能吗？

汤祯兆是我的大学学长，他在我刚进大学的时候毕业，所以我们从未在校园里碰过面。可是其"中文系才子"之名却一直流传在课室角落的传说里，我每次走上图书馆二楼也都会在沿梯墙边的学院奖牌上看到他的名字。彼时的汤是一个十足的文学青年，《变色》一书收集的就是他早期锐意实验文学形式的作品。所以当我知道汤祯兆要往日本留学的时候，还以为他是去研修汉学或专治日本文学。看了这本书才知道，他在日本主要还是"过日子"，困乏之中不失生活的乐趣。而且从待在日本开始，阿汤的写作风格就愈见轻松，题材宽阔。电影、漫画、日剧、广告、流行歌曲和一些"俗物"尽在他的范围内，当然还有他心爱的足球。

香港有"新文化人"的说法，源起于陈冠中、丘世文等等以20世纪70年代末《号外》杂志为基地的一群，不要求风格纯净，不避忌商业文化；讲究品味，研习新潮理论，往往在消费社会的生活日用中谈出道理说成故事。90年代，则又起一"新新文化人"，他们削减了前辈行文中英文夹杂的刻意求新，但议论范围更广，取态更"亲民"。这一代新锐接受的教育（包括大学在内）

是更平民化的教育，自幼浸泡在以影像为核心的大众文化里，现在写作的范围也是网评、影评多于文学（本书近半文章原来都是港版 *PC home* 的姐妹刊物 *homenet* 的专栏，以评介日本文化为主，连带介绍一些有趣的检阅网址。这个形式很能代表"新新文化人"的风格）。汤祯兆是这批主要以新闻媒体为地盘的"新新文化人"的代表，虽然他还保持着一定数量的"文学"书写。

知道这个背景，我们或许就会明白汤祯兆为什么会在这几年来不断地写日本。因为这个流行文化里的日本（而非日本的流行文化），根本就是我们这一代人成长经验的一环，而且依然是我们日常生活的一部分。以日本电视剧为例，剧中的东京街头早就不只是剧情开展的遥远背景。在香港，《壹本便利》（编者注：现已改名为 *FACE*）之类的日式消费情报杂志甚至以东京来想象香港，把铜锣湾的边缘区域称做"里铜锣湾"，参照坐标当然是"里原宿"。因此，文学才子汤祯兆写日本的《俗物图鉴》才不是什么"刻意打破雅俗之分"的滥调，而是坦诚贴近地描述自己。我们的朋友董启章说得好："'俗物'变成了真性情发生的场所，但这并不是想把"俗"提升为"雅"，而是把'俗'之为'俗'变成一种新的观赏和感知标准"。（《创作还是涂鸦》——当才子一头栽进后现代（或汤祯兆的足球隐喻），董启章著《讲话文章 II》1997 年初版）

汤祯兆的写作使我们更清楚我们所得到的片段其实是怎么一回事，同时廓清不少关于日本的误会和表面印象。很多香港人都是日本色情文化产品的消费者，由于这些产品大受欢迎，不少人竟因此生出"日本人好咸湿"的看法。但看过《情色的解放——成人电影社会演变史》，才知道原来躲在房里看色情录像带手淫有这么大的社会关联和文化意义。又如日本的成人 OVA（Original

Video Animation)往往以校园生活为题材,常人总认为这是日本人"咸湿变态"的又一例证。但在阿汤看来,这其实是对学校作为一个灌输正确观念场所的颠覆:"对学生时代的少男少女来说,学校便是他们的世界所有;孤身独处学校的经验,恰乃个人独立面对庞大不可知世界之彰显,而且没有人的学校,也代表了惯常的运作秩序再不复存,任何可怖的事情都有可能发生,为成人OVA的变异世界提供了想象的空间背景。"(《抛掉文件上学去——成人OVA的"教室"情意结》)

此外,透过汤祯兆的"翻译",我们还可以把Otaku、Oyaji这样的日本词语挪用过来,当作可供我们自己应用的概念。然而不论是语言的翻译抑或文化的翻译,都有一个严肃的问题需要面对。日裔美籍学者酒井直树指出,通常我们假设了在翻译活动展开以前,就有两套完全不同又各自完整独立存在的语言系统,例如日文和中文。可事实上相反,其实是翻译这种活动促成和确立了两套相异语言系统的出现及存在。异文化之相异与自身文化之属己,往往就是翻译的结果。换句话说,在《菊花与刀》(*The Chrysanthemum and the Sword*)这一类文化比较的作品出现之前,"日本文化"是不存在,或者至少还是不稳定的。而所谓的"日本"和"日本文化"近十多年来也被酒井直树和柄谷行人等这批尖锐的学者及评论家纷纷从语言、文学甚至地景(Landscape)入手,一一拆解。"日本"无非是一个构造物,而非先天被给予的一个现实存在。

不过,汤祯兆虽然强调"专业精神",喜欢以探本溯源的方式追究个别日本流行文化的片段,但他从来都没有试图系统地呈现日本文化"全貌",而且极为克制任何概括性描述的冲动。他没有宣称他的工作是要"还原"一个客观的日本，反而再三以自身体验切入印证，故此避开了所谓"如实介绍日本文化"的困局。譬如《天南地北火车文化——记忆像铁轨一样长》，固然介绍了作为日本普通文化其中一项重要地理框架——电车线，又分析了日本人自己对有轨交通工具的深厚感情。更重要的是，这篇文章呈现的其实是他自己对电车、对东京的怀念。个人客居异乡的亲身经历和日本歌手为电车谱写的歌曲的互照，双重的记忆合成和双重的"怀乡"。那条铁轨，或者所有的铁轨，对作为一个外来观察者的汤祯兆，或者是作为所有日本本地游客之一的汤祯兆而言，再也不能清楚分开。"印象中每次列车抵达总站后，总有游客到车头或车尾拍照留念，不自觉间我也成为了他们其中一员。不知道下一趟列车又会载我往哪儿？但记忆却往往跟从跳动延展伸长……"

写日本的时候，其实汤祯兆写的也就是自己。他谈游乐园的历史，谈日本游乐园的本质。在那些影像里，有寡母送出女儿与人做童养媳前最后一次合家游园玩乐的片段，有不能再维持生活的工人带着全家去乐园寻欢后一起自杀的片段。这些片段也是留学生汤祯兆的游乐园之基调："从最长的云霄飞车到直立式云霄飞车都奋身一试，还有啖尽千园一味的快餐食品——那种躁动的热闹也许来得浮而虚幻，但却实实在在地解决了一群无根游子的寂寞时分。而寂寞，我后来才发觉，并非是我们独有的。"寡妇的寂寞、贫困工人的寂寞与留学生的寂寞，都是寂寞。而同样的日本，同样俗物，则在不一样年代不一样地域的寂寞里，化成永不落实、终不可得的幻影。唯投影为图，方可成鉴。

1999 年

在变与不变中建构存在畛域
——俗物与图鉴的互证

董启章

　　十年并不是很长的时间，但以现今世代的更替率来说，十年人事岂止几番新，简直可以是物非人非，恍如隔世。流行文化本质上便是以不断生产和消耗为逻辑，此中每一事物的盛衰循环极为迅速，就算所谓"红极一时"，也只限于"一时"而已。是以流行文化论述，也容易给人一时之感，以简单化的 in 或 out 去衡量。可是，今天重读汤祯兆的《俗物图鉴》（1999 年版），却一点也不觉得往事已矣，也绝无半点怀旧心态，反而更鲜明地看到文化现象和文化评论的脉络发展，有一番历久常新的领会。这一方面得力于汤祯兆于《俗物图鉴》（复刻版）（2010 年繁体中文版）中所作的"对话处理"，即在旧文末尾加入今天的相关评论，把往昔的话题作出延伸思考，另一方面也建基于汤祯兆已然确立了自身的论述系统和品牌，把十年间的日本文化观察连成整体，以不断重弹和变奏的方式，把当中的核心主题做了回旋渐进式的推演探讨。熟悉汤祯兆的读者，自然能从中得到跨越一时一地的总体性理解。汤祯兆在近年的"日本研究三部曲"《整形日本》（2006）、《命名日本》（2007）和《日本中毒》（2009）之后，重新推出十一年前的"开山之作"《俗物图鉴》，既是自身评论事业的追本溯源，也见证了他的流行文化研究方法的演变和圆熟。

汤祯兆的文章对流行文化有精辟的解读,也是极"可观"的流行读物,甚为没有学术背景的一般读者所喜爱。扎实的内容,认真的态度,对论述对象洋溢着热情和关注,甚至一定程度的迷恋,但热情和迷恋并没有削减作者的理性。表面上看,汤祯兆并没有写出学院式的研究论著,但这并不表示在零散的篇章背后,没有慢慢形成的系统性思考方式。而此散篇结集的方式,本来有文章于报刊发表的限制,但我相信汤祯兆有意识反客为主,利用如此较为轻短和宽松的形式,让观点在时间的历程中经过反复的演变和修正,呈现出立体而且有血有肉的生命史。在思想的严谨和深度上既可称为"研究",在态度的日常和随机方面却又更接近"经验"了。前者给我们启迪的满足,后者则给我们分享的亲切。

汤祯兆是对研究方法十分自觉的作者,但他却从不卖弄学术理论和术语。就算提到尚·布什亚或罗兰·巴特等思想大师,也会以十分平易近人的方式引入,恰到好处地说明他的论旨。方法或理论从来不会喧宾夺主,文化课题本身永远是谈论的主角。又或者,在概括化和抽象化为"文化课题"之先,汤祯兆所注视及极力与之对话和交涉的,通常是最为具体的事物——一出电影、一部漫画、一个人物、一种工具或产品等等。也即是说,在归纳为文化现象(无论是援助交际、Otaku、腐女子、落水狗,还是新世代的内向自恋等等)并加以分析和评论之前,确切地出现并对观者产生诱惑和冲击的,往往是个别而实在的"俗物"。当然,此等个别的俗物之所以能被理解,也之所以能产生诱惑和冲击,又同时在于它们所置身并参与构成的文化。所以,俗物并不独立存在,而必然存在于系谱和环境条件当中。也因此,有为俗物绘图作鉴之必要。顾名思义,《俗物图鉴》书名中的"俗"、"物"、"图"、"鉴"四字其实可以分别理解，而"俗物"和"图鉴"又形成对应关系，前者为观察和书写的对象，而后者则是观察和书写的行为本身。现就我所理解的"阿汤流行文化研究方法论"，分析上述各项的含义。

"俗"者，通俗、民俗是也。这原本跟"流行文化"并不原全对应，因后者带有现当代消费文化和商品化的意味。以"俗"字称之，为纯粹金钱交易的流行文化注入人本气息。"俗"乃人群所共有的日常生活世界的总称，当中自有人情的投入。我们也可以把"俗"理解为空间层面的日常共同性。而"流行文化"强调的却是时间因素，当中虽只标出"流行"却也暗含"消逝"，因没有迅速的"消逝"就没有"流行"这回事，而成为"永恒"了。观者自身在"俗世"的日常共同生活中经历成长，投注感情，而又强烈地感觉到事物的流转生灭，于是便产生将之理性掌握的欲望和谈论记述（绘图作鉴）的需要。

"物"者，或恋之或拜之，也是我们时代的核心象征。"俗物文化"当然跟唯物主义无关，也不是显浅的所谓物质主义可以解释。汤祯兆笔下的"俗物"既具体但又失去实在性，是在后现代文化中统统成为模本的、二手的物象。电影后面总有别的电影，漫画后面有别的漫画，现象后面有别的现象，而电影、漫画，以至于种种文化现象之间，又互为表里，互相依存。恋物或拜物，总是一而为二的。一者，俗人永远为具体的、物质性的存在而如痴如醉。比如说，阿汤的铁道记忆，是实在的日本在地生活经验的结果，不是凭空想象。他对种种俗物的迷恋，亦作如是观。二者，凡此种种具体物质体验，也有待物象的互涉，而形成文化，而产生意义。阿汤的个人铁道记忆，于是也同时嵌入于日本民俗文化的共同记忆。我们这些在周边地区受日本文化影响而成长的人，也多少出现跨时空的文化嵌入（当然也包含很多错置／错读），才会对日本俗物产生如斯的嗜爱。

　　"图"者，图像、图谱、地图也。"图像"者，乃指俗物世界（流行文化）中视觉影像的主导性。汤祯兆的《俗物图鉴》不是字面意义上的图鉴，而是以文字绘影绘声的图鉴。丰富的插图未必与主题直接相关，更重要的却是"物象"的语言营造。"物象"的构成实为背后的文化，所以汤祯兆的文化脉络钩沉，让读者更确切地把握每种"俗物"的立体形态，直至鲜明的"物象"的形成。而"图谱"更清晰地说明了汤祯兆的研究方法，也即是他屡次强调的，把个别事物放回真实的脉络关系里考察的必要性。可以说，阿汤式的文化研究，需要一种把各种物象之间的系谱关系重新排列和整理的功夫。而如果"图谱"是"俗物家族"的时间线和生命史的绘画，"地图"就是空间上的方位关系的指南了。汤祯兆的文化研究，事实上就是文化地图的绘制。难怪很多读者都表示可以按图索骥，对于在日本文化的纷杂景观中寻觅方向大有作用。

　　"鉴"者，鉴赏、借鉴也。"鉴赏"者，既属专家之职责，也必须具备专家之水平和操守，当中要求冷静分析和仔细识别的能力。而经专家鉴定的事物，也可以成为他人参考的准则。于是自《整形日本》以来，汤祯兆发出了借鉴日本文化分析，为香港（或台湾和内地）文化作出"预警"的呼声。特别是当日本文化中毒，问题丛生，深受日本文化影响而又同为后现代后资本主义社会的香港，极可能会步其后尘。此种"借鉴"和"警世"作用虽然是近年才提出的，但我们重读《俗物图鉴》也不难发现汤祯兆早就具有这种危机意识，以及跨文化对读的思路。

《俗物图鉴》的副题"流行文化里的日本"，亦微言大义。它不是我们通常理解的"日本的流行文化"。把"日本"置于"流行文化"之下和之内，是把"流行文化"抽出某地的局限，而放在多地共同的当代文化的层次上进行的考察。在这涵盖之中，香港文化便可跟日本文化对照互鉴。汤祯兆爱之深议之切的确实是日本文化，但辐射出来的普遍意义又不只涵盖日本文化。这让他超越纯粹的日本通和日本迷的有限视野，成为一个多方位的流行文化论者，也让他的日本文化论述超越了狭隘的猎奇，成为意义广泛的人文思考。此中的"日本"不再为专家所独有和垄断，而成为所有在当代流行文化里存活的人类的共有物。于是，"日本"成为了我们的总体文化图鉴里的一大"俗物"。

　　汤祯兆在《俗物图鉴》原版的前言里曾经这样说："或许到最后一切只会成为一种抽象的动力，日本文化观察只是此时此刻的选择而已（事实上日本迷也的确只是自己的"身份"之一），背后的寄望是不希望一切均过目即忘，也不喜欢身边的鱼目混珠环境。如果可以，就要竭力去共同维持一个人文精神相对健康的空间——因为它正是我们赖以维生的畛域。"当中除了强烈的"求真"欲望或对弄虚作假的厌恶，"拒绝遗忘"是书写流行文化的最大动力。而为何我们要拒绝遗忘？正因为，流行文化产物无论可以做到如何高超精美，它的本质无可避免依然是商品、是消费。俗物无论如何被人追捧，它们也必须不断地被抛弃和更替。但"俗物的世界"又偏偏是我们这个时代的最主要或唯一的生存空间，是"我们赖以维生的畛域"。所以，我们为了确立自身的存在意义，便必须抗拒更替和遗忘的逻辑，企图用深情的理解，寄意的论述，来留住"俗物"的身影，来为之绘图作鉴。流行文化研究所为何事？在变中求不变，在易逝中求恒久，并以此建构具意义的生存世界，纵使这意义常常是"负面"的。

（这正是阿汤所谓"文化中毒"和"文化解毒"的积极意义。）

　　饶有意思的是，十一年后汤祯兆又言："流行文化一直都是流动变幻不定的，也正因如此，观照角度也理所当然地随时推移，从而产生无穷无尽的趣味。"他这里说的是自己十多年来就相同的文化议题写过大量文章，观点却在不断变化之中，而此书的再版见证了此中的变化。此乃在不变中求变，试图用不同的角度，去审视自己认为具长久关注价值的议题。这变化中的观点，并没有否定被关注的俗物的持久性，反而希望借此不断更新它的意义，保存它的生命力。我认为，无论是顺应流行文化本身的变化而变，还是抗拒它的易变而追求恒久不变的价值，两者其实是互为表里的同一方法，也是汤祯兆的文化书写的独特思考模式。阿汤当年的自我期许，到今天不但并不过时，反而是愈加迫切和珍贵。今日之我在见识和能力上肯定大有增长，但却不打倒昨日之我，反而在昨日之我之中，看到今日之我的预告。论述者"我"自身，也同样处于变与不变的辩证之中。

　　《俗物图鉴》所标志的，不但是一个书种（日本流行文化研究）的诞生，也是一个以俗物为坐标的意义世界的建构。问题是，此中的所谓"意义"究竟是先天自存于流行文化（俗物）之中，而为大众（俗人）所直接并深刻地体验和领受，并能借此认证自身的生存价值？还是，"意义"其实是流行文化论述者通过自身独到的眼光、宏阔的视野和深情的关注，而"创造"出来的虚拟价值系统？阿汤笔下的日本文化的种种苍白、空虚、迷失、焦虑、疏离、压抑和暴力（即种种"中毒"的面向，当然同时又有其相反的令人惊奇、欣赏、敬佩和爱不释手的面向），如何会在他的论述中统统化腐朽为神奇，成为极具认识和鉴照价值的事物？这肯定不是所谓“反面教材”可以解释，而所谓对香港文化的“预警”作用，也绝对没有厚此薄彼的意思。说到底，是否认真思考和真心关注的此一行为，赋予了流行文化的世界二度再造的可能性？流行文化评论者的任务，是否就是把俗物拯救于被消费和遗忘的命运，从无意义的物欲潮流中打捞出来，以图鉴式的语言装置——整理和珍藏，建构出至少暂具表面意义的模像世界？如是者，图鉴创造了俗物，保存了俗物，让俗物得到栖居之所，在井井有序的陈列中，展示出或幽微黯哑或闪闪生辉的集体景象。可是，如果本无俗物，又何来图鉴的必要？于是俗物也创造了图鉴。俗物的渴求被展示、被理解、被珍爱、被迷恋的魔力，呼唤了图鉴。

投身于俗物与图鉴的互证，缔造让人继续得以维生的畛域，纵使知道当中不无虚拟或模像的成分，也坚持以快意和真情相应——这也许就是阿汤所代表的后现代流行文化论述者的使命。

目　录

PART 1　影像世界，陆离人间

PART 4　文学世相，陆离浮绘

影像世界，陆离人间

PART 1

论 1997 年的日本媒体大事，"失乐园"引发的媒体效应是不容忽视的事件。渡边淳一的《失乐园》原本是由 1995 年 9 月到 1996 年 10 月于《日本经济新闻》（朝刊）上连载的小说，完结后角川映画立即宣布会拍成电影，后因电影异常卖座，所以又有了电视剧版的《失乐园》（其中有菅野美穗参演）。

1.1

人到中年的谎言
——"失乐园现象"的媒体效应

《失乐园》之所以会拍成电影，与角川映画的积极投资甚有关联。其实在1996年10月，角川书店已发行了渡边淳一的全集，所以《失乐园》的电影版权自然也顺理成章落在角川映画手上。而且大家或许都有印象，当年角川映画的舵手角川春树，早于1993年因为毒品问题被捕入狱，因而角川映画的王朝亦迅即瓦解。《失乐园》是其弟角川历彦接手出任社长后，一手策划的"新角川映画"第二弹。他尽量配合安排各种资源，务求借《失乐园》重新打响王朝名声，果然他们也打了一场漂亮的胜仗。《失乐园》仅上映的首两月，已有260万美元的票房，观众人次超过200万，而香港亦成为第一个上映《失乐园》的海外市场（1997年12月开始放映）。

泡沫经济崩坏期的产物

　　《失乐园》刚好捕捉到日本当时步入的经济下滑、人心惶恐不安的社会状态，大家心目中的价值观正好受到动摇。而《失乐园》正好击中人内心的不安，由政商界以及管理阶层人员到主妇及女白领等更广泛的读者群，迅即形成所谓的"失乐园症候群"现象。

役所广司在《失乐园》中饰演的久木祥一郎，在出版社内被调至非一线的部门，过去努力坚持的工作伦理价值顿告腾空，而与书法老师松原凛子（黑木瞳饰演）的婚外情乘时介入了他的人生。其中一个令日本观众感到贴心的投射点就是，过去为公司奉献一切的工作理论开始不管用，因为即使职员拼命尽忠尽心，公司亦会有放弃下属的一天。

这一点对日本公司文化来说，是有划时代意义的。一直以来，日本公司实行终身雇用制，职员以从一而终为同一间公司效力为荣，尤其在中年或以上的一代人心目中，更是一种价值观念的体现（以久本祥一郎的角色为代表）。但囿于世界整体经济形势的改变，全球市场激烈的商业竞争，日本商社已不可能再坚持传统观念不变。日元的下跌，经济的衰退，令雇员们要重新审视自己的位置。

上下失据的夹缝世代

其实《失乐园》幕后的制作团队，很明显想把社会背景的不景气及不安心态捕捉进电影的世界里。《失乐园》的监制原正人在《电影旬报》（1997年5月下旬号）的访问中曾明确表示，希望把《失乐园》拍成为90年代的《浮云》（尽管我非常不认同他的穿凿附会，囿于本文并非探讨《失乐园》艺术成就的文章，这方面的论议暂且按下不表）。众所周知，《浮云》是导演成濑巳喜男

1955 年的名作，讲述森雅之与高峰秀子在战后崩坏的经济环境中的爱情故事。原正人强化久木祥一郎和松原凛子的背景压力，把两人的感情发展与日本泡沫经济破灭后的处境加以关联。

事实上，选择四十至五十代人为主角，其实也是选取了他们是日本"过渡一代"（久木祥一郎为 50 岁，而松原凛子则为 38 岁）。他们的上一代为经历二次大战的余生者，自然害怕贫穷及饥荒；但他们所面对的社会环境已急剧转变。承自上一辈的人生价值观念与传统伦理，已经与眼前的环境失去衔接（所以当松原凛子向母亲告白自己恋上另一男子时，母亲顿时变得歇斯底里不能接受）。一方面他们不得不割断与传统的联系，但同时又无法应付眼前的社会及经济环境转变（本木被公司闲置后，对人生和工作目标感到失落，加之友人染上癌症离世，这些都令他反省自己已无立足存在的位置）。在上下失据、进退无序的处境下，他们成为夹缝中的一代，因而更加孤独。

情死：日本戏剧世界的重要主题

《失乐园》另一击中日本人心坎的设计，是男女主角的"情死"（殉情，即 love-suicide）结局。"情死"一向是日本戏剧世界中的重要主题及类型之一，其中充分反映了日本人对极致美感的追求；与武士切腹自尽显示忠心，可谓有异曲同工的美感。

《失乐园》对"情死"题材的宣扬，来得更加明目张胆。它接续承传的，显然是当年轰动日本社会的"阿部定"事件。"阿部定"事件即大岛渚 1976

年的经典名作《感官世界》之本事。之前已有田中登在1975年于《实录阿部定》中把故事搬上银幕，后来大林宣彦会曾开拍新版的《感官世界》。所谓"阿部定"事件，指1963年阿部定因为杀害情人石田吉藏，并且割下他的阳具逃亡，此事在社会上引起轩然大波。在《感官世界》的版本中，大岛渚细致刻画了两人为了追求性爱乐趣的极致而产生的难舍难分的动人关系。

在《失乐园》中，久木祥一郎被调往资料调查室，负责昭和史系列材料的收集工作，其他同事在闲聊问他打算干到何年为止，他的答复正以阿部定事件作结，从中可以看出导演及编剧的刻意计算，企图提醒观众在男女主角背后，还有阿部定及石田吉藏的对照呼应。这种对"情死"的追求，在导演的心目中，恰好用来表达一对中年男女在价值崩坏失去方向的90年代，自己所能执掌自决的一种价值观。换言之，"情死"的结局不仅是用来修饰一个浪漫爱情故事，同时也承载起表达主人公的人生态度取向——保持与传统的关系，拒绝与不兼容的社会打交道。

当然导演的安排是颇为夸张及刻意的。事实上，《失乐园》之所以大受欢迎，我想也不无对现实中苦闷刻板的中年男女，费尽心思美化逢迎有直接关系。在《失乐园》中，森田芳光语重心长地为一个落魄中年人的婚外情故事加添人生智慧，其实是十分造作难耐的。也正因为此，《失乐园》亦同样成为观众的一个梦幻逃避场所，仿佛可以令人在咄咄相逼的现实世界中，得到一个喘息的机会。

1999 年

文化解毒：小室哲哉的警惕

　　人到中年，谎言多不胜数可说是常事。当然，由自己亲手戳破，自然来得更震撼。对于小室哲哉的音乐，由衷而言我无甚印象。最主要的原因是他不过是一位咖啡店音乐高手，善于创作容易入耳却又让人过耳即忘的乐曲。他在1990年代乘时而起，于是登上了日本音乐殿堂的高峰。但也恰好因无甚特色，所以在时移世易的潮流更替后成了空心老倌，终于沦为诈骗流氓，被警方逮捕。

　　当然，一切都是他个人的问题。1990年代，他一时叱咤风云，平均每年收入高达20亿日元，甚至一度成为全日本纳税第四高的人（1996 – 1997）。他的音乐王朝肯定有过辉煌的一刻，但他的崩溃沦陷，其实仍与个人未能接受头上光环褪色有莫大关联。事实上，不仅是他所属的小室哲哉品牌，甚至麾下一众的小室军团成员，如 TRF、Hitomi、安室奈美惠、华原朋美（还记得华裔艺人中，如叶佩雯及陈敏之也曾经一度被视为小室军团的成员）等，其实声势也大不如前，近年来的发展充其量只能以差强人意来形容。而小室哲哉本人，也面临经理人公司要求解约的压力，因为他过去数年来的而且确写不出任何一首畅销的作品来。

　　这便是成王败寇的江湖定律，在艺能界中更加如水澄明清澈，人所共知。只不过因为小室哲哉眷恋过去的光辉岁月，把已不再属于自己的歌曲版权讹骗售予他人，最终沦为阶下囚。据日本传媒估计，小室哲哉会因此事被判入狱

五六年之久。

　　那当然教人感到遗憾，但其实背后更反映出某种集体潜意识的恐惧——我所指的正是小室哲哉所代表的一代人，害怕被打回原形的深层困惑。由当年一无所有到经历风光盛世后寻不到台阶下，那正是日本今天社会的真实写照。事实上，90年代日本流行文化气势如日方中，俨然可以席卷整个亚洲，小室军团也曾经锐意开拓华人市场，可惜未如人意铩羽而归。小室品牌的解体，正好说明日本流行神话的末日界线，这也是给我们的最佳警惕。(2009)

1.2

Otaku 完全手册
——《新世纪》追踪解谜

自从《新世纪福音战士》成为日本动画界的一个划时代标志后，单就网络上出现有关"新世纪福音战士"的网页已经超过 600 个，可说形式变化层出不穷。

我打算从一份日本网上文化杂志 *Shift*（www.iacnet.or.jp/shift）（现已停刊）开始谈起，一方面固然因为此为英语网页，大家可以看得明白；而且内里又提供了很多超链接的联机资料，读者可以按图索"网"继续漫游。

御宅族的沟通障碍

Shift 中有不少文章，其实都是我们进一步去剖析"新世纪福音战士"世界的最佳凭依。雄口武仁（Takehito Oguchi）写文章提出关于"Otaku"（御宅族）的问题。对日本动画稍有认识的读者，应该对"Otaku"一词不会感到陌生。

"御宅族"的"御宅"本是"你家"之意，但在日本文化中，却用来描述那些沉迷于网络世界的新一代年轻人，而动画及漫画是他们的最大兴趣。"Otaku"一词目前已被广泛应用，甚至于美国也深植于年轻人圈子中。《新世纪福音战士》的制作公司Gainax，也曾制作《御宅族的传说》（*Tales of the Otaku Generation*）来介绍他们的生活风格。

雄口自认是《机动战士高达》（*Gundam*）的一代，对于《新世纪福音战士》（以下简称《新世纪》）中的角色都充满心理缺憾的安排看得颇不对胃口。但他认为《新世纪》之所以受"御宅族"欢迎，是因为现实世界中，"御宅族"是人际关系薄弱、不擅表达感情与情绪的一代。《新世纪》中的角色（以碇真嗣为中心）恰好是他们的投射对象；当然作者对此是颇为不满的，并希望"御宅族"能醒觉起来重新投入生活。

让真嗣作为"御宅族"的代言人，很明显是《新世纪》总策划人庵野秀明的构思设想；正如他加入最后使徒薰的角色，也是为了呼应在"御宅族"圈子中日益流行的男同性恋动漫人物的形象。赋予真嗣"御宅族"的身份，霎时之间会多一种平行对照：真嗣在剧中不断寻找心灵中不同的自己，这也是"御宅族"与虚拟世界的相应关系，大家都在跌跌碰碰中迷失了自己的立足点。

用荣格心理学理论解构《新世纪福音战士》

众所周知，《新世纪》的理念，有不少源自心理学家荣格（C.J.Jung）的学说（限丁篇幅，未能一一详述）。刚才提到自我之谜的追寻，实质上是荣格"阴影"（Shadow）理论的变奏演绎。荣格在《分析心理学的理论与实践》（*Analytical Psychology：Its Theory and Practice*）中，用一幅简单的图表说明了"阴影世界"的观念（请见下图）

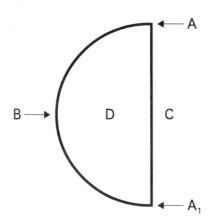

如果 AA_1 为意识的界线，当 AA_1 与外部世界 B 接触时，便会通过 D 所代表的意识领域。但另一面的 C 却属于阴影世界，自我在此并不透明，这一面的我对于自己是一个谜。我们只知道处于 D 中的自我，而不知处于 C 中的自我，于是我们不断发现关于自己的一些新东西，说明了我们人格的一部分是无意识的，它还在形成中，我们不断生长及改变，而不以年纪作为限制指标。

碇真嗣自十三集开始便不断追寻自我是谁，他驾驶初号机对抗使徒，正是从无意识中浮现出来的阴影世界所产生的虚幻无实感觉。阴影投射可能引发妄想症，使人多疑，而且不愿与人亲近，这些正好也是真嗣的毛病。甚至庵野秀明在构思使徒时，也同样利用到"阴影"的魔幻变奏，第十二使徒外形是球状悬于半空的雷里尔（Leliel），每当遭 EVA 攻击便会侵蚀他们于黑洞中，而球形的外观只是虚幻的投射形象，充分地道出自我陷入阴影世界未能自拔的情势。

阴影理论的阐释

用较浅白的说法去阐释，简单说来，阴影理论便是指我们平常总喜欢摆出一副面孔，而竭力把自以为是不健康、不体面及不道德的部分（甚至是一些自己也未曾清楚的）一并压抑掩藏，装作若无其事。但压抑并不代表"阴影"部分不存在，它仍会在"幕后"活动，从而导致精神上的强迫性行为。有时我们甚至会把压抑不住的阴影部分投射到他人身上，企图减轻自己身上的罪恶感及挫折感。

《新世纪》中的碇真嗣就是一不断压抑自己感受的少年，他为了寻求别

人的肯定，一次又一次地逼自己去做与意志相悖的事。他身旁的其他角色也都
存在相若的问题：绫波丽由复制人开始到追求沟通感受；明日香要证明自己可
以摆脱母亲的梦魇；葛城美里要完成父亲的遗愿；律子与死去的母亲既相互扶
持又暗自角力——连同碇真嗣与父亲碇源堂的瓜葛纠缠，他们全部都和上一代
延续着微妙的对冲／依赖关系。而作为一组人物组合体，彼此相互之间亦同

样把各自压抑不住的阴影部分投射到他人身上以稍作解脱。所以当我们看到剧集的后半部分，在主、客环境压力日趋沉重之际（使徒的攻击越来越致命，Nerv 之谜逐渐被破解，人物各自的问题缺憾开始呈现），角色便陷入互相折磨的困局。因为对任何人、事都不可以相信，阴影部分的扩张影响力便更大了。

回到御宅族的问题根源

或许正如海法纪光在《新世纪福音战士解题》一文中所指，使徒的真身其实就是他人。他们之所以用不同的外貌出现在真嗣眼前，只不过因为新东京市（其实是真嗣心灵的化身）的整体心灵封闭，出现了不能够理解他人的情况；于是他人企图做接触交流，便成为攻击的理解诠释。庵野秀明在第十四集中已说得很清楚，使徒作为他人的化身，就在于他们要竭力打开对手的 AT field，即他人与自我之间隔着的心壁。

回到文首提及的"御宅族"问题，碇真嗣拒绝以及害怕与别人沟通，正是现今"御宅族"经常面对的处境。而越是向内转，自我世界就会益发膨胀，而阴影部分的抗衡反撞力亦告更难控制。庵野秀明到最后正好借此道出，"御宅族"的自我意识在自我生成的过程中，可以释放出如此强大的创作力。正如电视版最后一集的其中一个可能暗示，所有的一切可能都是碇真嗣个人的空想——反讽的是，我们的反应亦成为他预先张扬的构思设计。

1999 年

文化解毒：新世纪福音的再思

面对《新世纪福音战士新剧场版：序》的高姿态重临，我们这一代的老
EVA影迷又应抱什么心情来接受呢？是的，正如电视版的时空设定，EVA的
切入点为公历2015年，也就是当时所谓的发生第二次冲击之后，因为地球的
自转轴偏移，加上南极的冰阵溶解，令地球人口减少了一半。而EVA中的一
众角色，正全力准备来自使徒的第三次冲击挑战——我认为那正好有一种自我
对照的隐喻性在内，因为在日本的语境中，《新世纪福音战士》有被视为"第
三次动画热潮"的象征性的美誉——前两次指的是《宇宙战舰大和号》及《机
动战士高达》，所以庵野秀明在制作的时候，无不充满自我的期许及信心，认
为此作必定能成为另一划时代的巨构名篇，自己亦得以名留千古。

所以我针对派崔克·卓森（Patrick Drazen）在《日本动画疯：日本动
画的内涵、法则与经典》（Anime Explosion：The WHAT? WHY? And
WOW of Japanese Animation）中，给《新世纪福音战士》本来源自《死海
古卷》的犹太教意象，做了不少日本化的起源论对读思考，我认为是一有趣的
解读方向。他指出剧中时常提及的"朗基奴斯之枪"本来是用来对付使徒的武
器，但也把原属罗马士兵的兵器，理解为日本神道教中男神伊装诺尊及女神伊
装冉尊的天矛；而碇真嗣、凌波丽及明日香则是他们两人的子女化身，分别为
素盏鸣尊、天照大神及钿女等。这种针对故事设定加以推衍的创造性源起解读，
其实正好建基于庵野秀明的机巧构思——他对不少关键细节均语焉不详，却又

留下大量似是而非的痕迹供观众思考，于是不同人面对相同的文本，都可以洋洋万言自由诠释。

　　将以上的起源论诠释置于日本动画世界中去对照，其实也不无意义。事实上，刚才说的"第三次动画热潮"，若从外国人的角度出发，反而一定会想到是手冢治虫、宫崎骏……谁会是下一位大师？更重要的是，庵野秀明司事宫崎骏麾下，大家都知晓，而《风之谷》中的"巨神兵攻击"正是他的手笔，甚至连庵野秀明的婚礼也由宫崎骏来担任介绍人。那么，身处宫崎骏已确立的"第二次动画热潮"的风潮中，加上庵野秀明又与上一代又爱又恨的纠缠关系，他的福音战士所指涉的起源论，也可以有不用范畴领域的钻研角度。

　　是的，这就是《新世纪福音战士新剧场版：序》带来的反思，也因为是序而已，由是更清楚来日方长……

2008 年

1.3

上下而求索的快乐
——由电影来往电影去

念书时与讲师聊天，他们挂在口边的是日本人做研究心细如尘，多沉闷的数据都会正经记录清楚，简单至一看他们的古代地图便登时明了。那时候心中暗忖不过是死工夫，后来才知道一点也不简单。更重要的是，其实一切和沉闷扯不上边，穷上下而求索的愉悦，往往不足为外人道也。

我在翻田沼雄一（Tanuma Yuichi）的新著《游于映画》（小学馆，1996 年 8 月初版）时感受更深，作者不断重看电影，逐一对实际的外景地进行探索寻访。书中收录了对 24 部 70 年代到 90 年代的日本电影的寻索，包括我们熟悉的《车站》（北海道增毛）、《幸福黄手绢》（北海道夕张）、《家族游戏》（东京都东云）及《男人之苦》（东京都柴又）等，还有近年的《床前明月光》及《东京兄妹》。更教我吃惊的是，原来 24 篇文章均先后刊于畅销漫画杂志 *Big Comic* 上；他们的视野和趣味，确实让人激动。

田沼雄一对身边事物的关注，不被既定范围制肘，总能于平凡中找到快乐。东京都四处人山人海，但《东京兄妹》一章，作者则能够沿着电影中的电车（都电荒川线）进行线索追踪，在引证影像出处之余亦增添了文化人类学的民俗资料，娱人娱己，物欲的愉悦也在于此。

追踪都电荒川线

都电荒川线是东京都内唯一的路面电车，且看作者细致的追寻经历。"出发点为都电荒川线与国铁山手线的交汇处大冢站。健一（片中男主角）每天均在这里乘车上班，而洋子（健一之妹）的'东京相机'照相店也在大冢站附近。一直以为那店铺不过是为了电影虚造出来，岂料在大冢站前确实有此一家，位于大冢站北口的大冢广场大厦一楼中。电影里它位于大厦出入口的左侧，但现在已变成为奖券售卖处，而'东京相机'则在奖券售卖处内部深处，是整层楼其中的一间商铺。"或许这种寻索对影迷之外的人并没有多大意义。说不定也是的，但至少对我来说，即使不喜欢电影（《东京兄妹》对我来说是一部颇为

伪善假装出小津风格的作品），但仍有一看"东京相机"的冲动。换句话说，寻索可以突破"既有物"（电影）的局限，为自己着想打算而添增新趣，这也是后现代处境下文化挪用自我满足消费的惯技。

　　而且"意义"总是在神出鬼没的时间与空间中闪现；你有你的消费模式，它亦继续做自己的闲云野鹤，有缘之际才会擦身而过。田沼雄一由都电线追寻至"鬼子母神"，"意义"便曾促狭地一闪而逝。"鬼子母神的正确写法是鬼字头上没有'ノノ'（一撇），写为'鬼'字。"他向附近糖果店的老婆婆查问，勾出了一段故事。

"人们是这样流传的：拐带小孩的鬼怪，有一次带走了释迦佛祖最年少的儿子。鬼怪大概也知道自己的罪孽，于是向释迦发誓改过，并送返儿子。那时佛祖便拿走了鬼怪的角，于是这里的'鬼'字便变为没有'角'的'鬼'字了。"相信这民俗田野式的考察发现，不仅"意义"丰盈，而且趣味往往会较电影本身有过之而无不及。

荒川土手民生风俗

其实在这方面做得更早且成绩斐然的，首推我深爱的日本学者川本三郎。他的《映画的昭和杂货店》（小学馆，1994 年 4 月初版）便把昭和时期的日本电影归纳后作灵活引用，然后逐一以物与地的方式把电影串联起来。对我来说，《映画的昭和杂货店》绝对是一本文情并茂、精彩无比的电影民俗及风俗学研究入门指南。

凑巧书中也有谈及都电荒川线的一节，《荒川土手》对这个东京都中的特殊地域，有明确的解说。"荒川的土手可说是东京下町的象征，所谓'下町'乃指城市中靠河、海、地势较低的小工商业及住所集中的地方。土手既是孩子的游乐场，也是年轻恋人的谈心地，更是离开家或学校后，一个人溜达藏身的上佳场所。"

荒川本来是人工河，用来防止隅田川泛滥，但由于水量充足且草木丰盛，在少见树木多见人的东京中自然令人印象深刻。在小津安二郎的《风中的母鸡》（1948）中，有一场田中绢代带着孩子来到荒川土手的戏。独力辛苦抚养孩子的田中绢代，荒川土手对她来说正好是一处可稍作抒解心结的休憩场所。

至于在名作《东京物语》（1953）中，荒川土手这个舞台的意义更加深邃。长子山村聪的儿科医院就在荒川在线的崛切站，笠智众与东山千荣子饰演的父母来到长子家停宿一宵。翌日东山千荣子与小孙子在荒川土手嬉玩，看着孙儿，她忽然感慨道："将来你长大后，不知道婆婆还在不在呢！"我们做观众的自然知道她一语成谶，而土手之上正好成为婆孙人生交义点的舞台。

二手体验物乐无穷

我想起我们这一代，习惯地被逼以二手经验去体验世界，既无选择也就谈不上好或不好。犹幸事情仍有主动的一面，喜欢电影也不一定被困其中，跳得出来自然可以随意回头；先有电影后才生活也未必二手失色。浮云下总有万千种偶然相会的契机，我想起1992年在都电线巢鸭庚申冢度过的留学生岁月；1995年又遇上川本三郎一书，到1996年刚好翻过《游于映画》后而写成此文。有意与无意的幻化，大千世界物乐无穷。

2009 年

1.4

桌文件上学去
——成人OVA的"教室"情意结

在讨论成人OVA的中心概念之前，普及一些基本背景知识，相信对读者是必须的。OVA即Original Video Animation的简称，指以录像带形式推出市场的全新动画创作，而这些动画不会先通过电视或电影等媒体播放，换言之，OVA是它们与观众接触的第一手形式。出现OVA这样的模式，自然是有足够的市场潜力去支持其流通运作，不用只依赖电视或电影上的收益。在OVA日趋普及的过程中，以成人为对象的OVA产品，逐渐被发现有庞大的市场容量，且成年人有较强的经济能力，于是成人OVA陆续成为生产商的头号重视产品，甚至连OVA一词本身，也几乎被国外消费者（如我们）惯常"误用"为成人动画作品的代名词。

"教室"观念的源头

对成人 OVA 稍有涉猎的,大抵都会发觉"学校"是它们最常见的故事发生地,而大量关于性爱、变态及暴力的"物语",也顺理成章在学校内发生。对于当中的"教室"情意结源头,我想与楳图一雄 70 年代的名作《漂流教室》有密切关系。到今天,《漂流教室》中把成人世界的残酷恐怖置于孩童身上的划时代尝试,早已成为一代经典。但楳图一雄以"大和"作为那间小学的名称,也暗示出要以此来影射讽刺整个日本文化。

楳图一雄在文字著作《朝向恐怖的招待》(河出书房,1996 年 5 月初版)中提到一些对学校环境的观察,颇具参考价值。在《学校》一文中,他认为学校没有人的时间会令人感到十分恐怖,尤其是中学因课外活动而需留到晚上的时候,更教人不寒而栗,当中正好道出一种被弃置的无助感。对学生时代的少男少女来说,学校便是他们的世界所有;孤身独处在学校的经验,恰乃个人独力面对庞大不可知世界之彰显,而且没有人的学校,也代表了惯常的运作秩序再不复存,任何可怖的事情都有可能发生,为成人 OVA 的变异世界提供了想象的空间背景。

更重要的是,楳图一雄提出了另一问题,这也正是《漂流教室》中最关切的内容之一。在《暴力》一文中,他指出目前学校的最大问题是如何区分所谓"好"与"坏"的孩子;如果仅把那些用功读书,听老师说话的一群界定为领袖分子,必将引起歧视及不公平。当然背后更深远的影响,是学校为灌输正确观念场所的形象已遭到无情地解构。于是利用这个场所做重塑"物语"的背景,

正好满足了对正统价值观念伪善的嘲讽欲求，也是挑战一切"本文"权威性的出发点。

　　而且说到底，这群成人 OVA 工作者，也是一直在受人排斥的对立环境中生存，在动画界中被社会及同业视为害群之马，像当年的"宫崎勤杀人事件"就教人记忆犹新（宫崎勤杀人事件是 80 年代动画界的一件大事。当年一位连环杀手宫崎勤绑架并杀死了数名年轻女子，而且承认这样的行为与动画中的性爱及暴力内容有关，因此引起社会对成人 OVA 的大肆抨击）。成人 OVA 工作者借"教室"的背景来发泄心中的郁结，绝对多了一种刺激。

肆虐"教室"的快意

在《未来超兽Fobia——魔少女篇》中，游人（游人是成人OVA界的一位"大师"，与前田俊夫同样受人瞩目）充分利用学校的寂静环境来肆意发挥当中的恐怖感。这一点与楳图一雄刚才的观察不谋而合，游人绝不改变学校里的任何景观：水池、教室及走廊等，在任何没有人的学校角落，似乎都有被未来超兽奸杀的危险，而且他更巧妙地在结束前将故事的序章重拍一次，暗示学生时代因暗恋触发的私欲冲动，将会衍生无比的破坏力，而且问题会不断重复延续下去。

更深层的肆虐快意，我想在激虎（no-mon）的同人界作品中，有更进一步的演绎发挥。其中一出代表作，自然是《三级魔女宅急便》。激虎在作品中，完全承继了宫崎骏《魔女宅急便》中的人物造型设计，甚至连场景也不放过，来了一次全面的亦步亦趋。结果在短短十来分钟的作品中，小魔女竟然与老伯在床上大战，更严重的是因为保留了角色的原来形象，因此变相成为侵犯女童的性变态作品。走到如此歇斯底里的地步，也反映出成人OVA的创作者对破坏"正文"的意欲是如何澎湃激愤。虽然《三级魔女宅急便》并非以"教室"为背景，但它背后的理念，正是要彻底破坏由学校价值系统引申出来的"正统"观念，甚至可说已达到不择手段的地步。

新伊底帕斯之说

当然我得承认，成人OVA作品对"教室"的肆虐，基本上是迎合观众的口味来做的一种消极官能发泄。所以他们本质上其实没有认真思索学校的异化控制，反而着意于如何用另一套权力系统来取代原来的秩序，这方面也正好响应了刚才提及楳图一雄的第二个观察——楳图发现了现实中学校不公义的正邪好坏界定法则；但成人OVA则流向另一极端，企图用同一套逻辑来以暴易暴，以发泄心中的愤恨。

我想起伊万·伊利奇（Ivan Illich）在70年代初，完成的一本讨论学校制度的名作《非学校化社会》（*Deschooling Society*），当中他曾提及"新俄狄普斯之说"（New Oedipus story，Oedipus Complex 即佛洛伊德笔下的弑父恋母情意结）。伊万指出，学校透过种种"价值制度化"的（Institutionalization of Values）手段来控制下一代，认为看出系统异化病的新一代教师，也不敢以自身的教学理念去影响别人，只会逃避承担挑战制度的责任。换句话说，"俄狄普斯型教师"（Oedipus the Teacher）为得其子（学生）而与其母（学校）相结合；于是曾经历强迫教学之弊的一代，反而唆使下一代重蹈覆辙来寻求建立自己的安全感。

在游人的《个人授业》（*Private Psycho Lesson*）系列中，其实颇清楚地显现了与学校制度纠缠不清的关系。在作品中，游人构思了一个精神心理学家饭岛沙罗作为女主角，她以巨乳及丰满的肉体作为与少男少女沟通的精神领域（Psycho Field），来解开他们自我封闭的心结。在第二集中，她遇上从纽约扬名后回来的旧同学岛田江利。一个偶然的契机，她发现岛田利用精神心理分析术给一众男高中生洗脑，为了破坏岛田的计划，两人终于正面对阵。

事实上，饭岛及岛田两同门学姐妹，本来都是为了消解少男少女在学校中

所承受的心理抑压及制约而努力；但结果岛田却利用所学来控制他们。在最表层的阅读上，游人显然采用以暴易暴的方式，来突现另一种控制系统的权力快感（以精神分析术来代替学校的系统）；然而本质上，其实与学校的"制度化控制"手段并无二致。岛田的角色仍然是利用学校的环境做包装，发挥作为"俄狄普斯型教师"的功能，继续吸纳学生让制度操控。只不过她企图用更高级的手段（利用精神分析术），希望自己成为掌握制度的人，来延续"子"与"母"的结合。 正如楳图一雄所说："人类本质上最恐怖的事，我想就是破坏摧毁自己的身体。"

成人 OVA 教人担心的地方，我认为并不是性爱的尺度或是暴力的程度，反而是潜藏的一种渴望改变游戏规则，令自己可以在制度中掌管一切的强烈意愿。是的，这就是一种破坏自体后（以业界作为隐喻），然后再统领天下的欲望。

1999 年

文化解毒：日本教师不易为

教师的工作一向被视为很神圣，可惜无论在日本还是中国，都要承受不同程度的压力。最近在日本教师行业中，出现连番的"不祥事"，令业界的士气可谓跌至新低点。7月30日，松阪市幼儿园教员从同事的钱包内偷了12000日元，揭发后立即被停职一个月。另外，7月27日在山形县的鹤冈市，有一名中学教师在 JR 特急列车上，向一名在洗手间内的女高中生提出以两万日元做性交易，结果最后也被送官究治。而最近在大分县的佐伯市，有一所小学的教长与高级教员等一伙5人，同时结党参与受贿，被媒体揭发。25日于山梨县的盐山市中，一名中学英语教师川崎刚被揭发在女生洗手间内安装摄影机，事败后校长竟然又协助隐瞒，后来疑犯终于承认罪行。

我不厌其烦地列举出以上"不祥事"，其实不过冰山一角，但大抵已涵盖了教师所犯罪行的几大范畴：一是风化案，这是近年的焦点问题，由盗录偷拍到参与援助交际等等，不一而足；二是贪污案，大多涉及以权谋私攫取利益；三为个人私德偏差，如以上提及偷窃又或是对学生使用暴力等等。当然我们都可以将教师承受极重的压力，作为整个行业涉案数字上升的原因，但显然易见的事实乃教师的自我规范意识已到了崩溃的临界点，简言之不仅社会对教师失去信任，现实是连教师都对自身职业所赋予的光环都不再信任。

因由不仅在于教师的待遇远远不及其他行业工种，更重要的是教师受人尊重的社会风气早已荡然无存。事实上，在动辄备受质疑及投诉的惶恐生活气氛下，日本教师对学生的"可教性"信念，不少已磨灭殆尽，这一点我觉得很值得深思。据个人观察，在华人文化圈子中，香港教师的形象地位最低，社会上弥漫的投诉文化令教师有口难言。反之在内地及台湾，对教师还算保有一定的尊重意识，而教师的职权仍然较大。我明白很难凭空去判断哪一端的走向较好，只不过可以肯定的是，家家有本难念的经，大家看清楚形势就会明白身在福中不知福的讽刺了。

2009 年

女性编剧新曲
——日剧中的"阿信"原型

1.5

看不同的日剧，有时候好像在看不同版的《阿信》；尽管内容背景有些变化出入，但个中的精神仍可说是一脉相承。

《阿信》早于 1983 年便在 NHK 播放，以当年早间剧场的播放时段而言，曾经夺得数十点的收视百分比，可说是一奇迹。也有研究者指出，《阿信》之潜文本为日本近数十年经济起飞的历史隐喻。他们认为对今天的观众来说，"阿信"的处境与生活无疑已是上一代的事情。大家在看"阿信"时，除了缅怀及为上一代的韧力进取感动不已，也体会出个人努力应如何与经济环境配合。由贫困到富裕，"阿信"的经历不啻是日本近代经济发展史的寻常百姓版。

众所周知，"阿信"的故事是八佰伴创始人的亲身经验演绎版。最近八佰伴的全线崩溃，也可说是泡沫经济崩坏后的结果。"阿信"的神话于 1997 年底破灭，于另一角度也可以说"阿信"的经济隐喻得到了完美的现实对照印证。

女性尊严的新演绎

只是，我想说的并非是电视剧的经济隐喻；日剧的"阿信"精神，其实主要体现在对女性尊严的寻索及肯定上。当然背后仍有经济环境的潜本文，但重心却明显有所不同。

上野千鹤子在《父亲体制与资本主义》中，曾经具体仔细地分阶段介绍了日本女性在进入劳动力市场后遇到的重重阻力及受欺侮的状况。她指出，由"主妇劳动者"到"兼差劳动"，乃至"双重角色双重负担"及"边缘化劳工"等问题，日本女性的位置及角色从来没有得到改善。联系日剧中的90年代背景，尽管女性角色大都衣着光鲜，但背后需要面对的问题仍不见得少。

对女性处境的细致刻画及审视，固然与女性编剧强势当道有关，由北川悦吏子、青柳佑美子及浅野妙子等人担任编剧的日剧，自然有另一番面貌。当中无论出色优秀至北川悦吏子，又或是平庸粗劣如浅野妙子，观众都可以在内容中体察到现代"阿信"的变奏气息。

日女追寻独立自主

《悠长假期》（1996年，富士电视台播出）与《最后之恋》（1997年，TBS电视台播出）都是北川悦吏子的作品，两者的一个共同元素就是竭力保持女主角的独立形象。由《悠长假期》到《最后之恋》，甚至可说是编剧自觉地在同一课题上的延展探讨，只不过是借不同的角色及处境道出而已。

《悠长假期》中的小南（山口智子饰）最后放弃摄影师而投进濑名（木村拓哉饰）的怀抱，固然是确认心中真爱的举动，但与此同时，也是拒绝成为受保护对象的明示。在结局前小南与桃子（稻森泉饰）在房中谈心，说到现代女性一切要自食其力的苦况，难免疲累；但背后的潜台词是，即使自己再劳累，也要坚守个人的独立性，以确保一己的尊严。

所以小南拒绝上司指派的隆胸器广告以及经理的职位，都是在逆境中不肯放弃自尊的表现。尽管没有如阿信般白手起家，但凭一己之力去维护自尊仍是隔代不变的异世回响。

到了《最后之恋》中，北川悦吏子更是把对女性自尊的肯定明确地置于故事的中心。《悠长假期》中的小南与濑名，严格来说都是现代商业竞争社会中的失败者；他们从一开始已处于平等位置，透过互助扶持及关怀去发展感情及关系。

但在《最后之恋》中，秋（常盘贵子饰）则一直与夏目（中居正广饰）处于不平等位置。前者是孤儿，且是应召女郎；后者是准医生，前途一片光明——故事也围绕这种身份上的差异来经营对立冲突。

戏剧的张力在于，夏目一直努力去承担保护者的角色，企图不让秋再受到任何人的伤害；然而秋却一直拒绝这种身份，在决定性的分手场面时，秋道出震撼性的经典对白："难道我自己一个人就不能寻找到幸福吗？"这种场面在日剧浪漫爱情类型的传统中，有划时代的爆炸力，因为北川悦吏子给观众一个明确的讯息——没有什么可以超越个人的尊严，即使海枯石烂的爱情也不可以。

北川悦吏子在这里颠覆了日剧中的既定价值观念（真爱至高无上），同时利落地把秋与夏目两人强弱之间的位置倒转。正是透过秋远离夏目，自己为前途默默努力，才令夏目真正醒觉，明白到恋爱的真正意义是双方的扶持以及各自的生命价值。到最后，我们看到的是秋"保护"了夏目，让他安心成功地取得医生的名衔，也帮助他真正"长大成人"。

秋与阿信都是社会中的低下层妇女，她们都是经过生活的磨炼后才确认了自己的人生目标。秋在《最后之恋》的开首部分一直为弟弟的健康及前途着想，这其实是典型的传统母亲角色身份的潜在操控。当她开始为自己思索未来，由茫无头绪到坚守一己尊严，深信幸福掌握在自己手里（所以也拒绝了同窗好友佐田的求婚）时，正是现代女性的隔世"阿信"颂歌。

传统价值的重新塑造

当然，我不排除以上的"阿信"精神的现代演绎可能是北川悦吏子个人世界观的探索。尤其是一旦与其他平庸的编剧如浅野妙子加以对比，自然高下立见。《恋爱世代》中，理子（松隆子饰）的不断逃避的表现（由抗拒哲平之怀念旧女友，到接受不了自己不断怀疑哲平的情绪，充分暴露出以自我为中心的恋爱价值观——讽刺的是，浅野妙子笔下的理子竟然是来自乡下长野的女孩），刚好与阿信的传统大异其趣。更可怖是那种明目张胆的自私性恋爱告白——"因为我太喜欢哲平，所以也希望他以同样的强度去爱我"，完全是一种以自我为中心的恋爱观念，和《最后之恋》中的秋正好各走一端。由是更可看出，北川悦吏子的日剧在现代处境中重塑了传统美好的价值观念，继续感动众生。

1999 年

文化解毒：说爱教我太沉重

写作"阿信原型"一文，令我想起北川位吏子的专属个人风格。我一向坚持认为，过往研究电影的导演作者论，在日剧的范畴内，应该改成编剧作者论。原因为日剧的编剧之性格鲜明及主题清晰，对作品整体的中心题旨及形成风格，均有着决定性的作用。而北川悦吏子正是个人风格强势主导作品面貌的成熟"作者"，爱情在她的笔下，一向不过是催逼成长的诱导体。

在《跟我说爱我》（1995，TBS播出）中，北川悦吏子已确定女性独立成长觉醒的主题，然后配上结局前一集的分离反省结构（后来在《悠长假期》及《最后之恋》里同样出现，只不过出现的集数稍有出入），大体上已成了基本的形式。《跟我说爱我》讲的是常盘贵子饰演的水野纭子，是一名"上京"（去东京）的青涩女子，她对爱情充满憧憬却又患得患失，后来纭子放下自己受保护的角色，以求自我成长后重遇所爱的动人故事。

纭子一直不能信服丰川悦司饰演的晃次与前任女友并无旧情缠绵的关系；她每次忐忑不安之际，均直扑向同乡好友健一（冈田浩辉饰演）的怀中求助，正好是一平行的逆位反讽。两对人的关系，本质上是同一类型，只不过纭子囿于自己的视界，而使自己陷入不能自拔的自戕境地。

所以纭子选择在沙滩与晃次分手，同时也没有跟从健一回乡，因为她明白

"爱"的沉重意义。"爱"并非盲目投入全情贯注便可以，如果没有恒久与忍耐，只会沦为磨人的玩意。纮子独自在演员路上追求机会，本质上与《最后之恋》中的秋之为护士工作而努力是一样的。而且北川悦吏子在《跟我说爱我》中，已明确道出如果没有成熟的人生及体验，爱情只会是空想的失乐园，于是她把爱情放到一个较宏观的成长议题上去。

《跟我说爱我》中对待爱情的态度，当然可以同样呼应"阿信精神"。只不过我想强调，北川悦吏子看重的除了女性尊严的自觉，透过爱情使男女双方共同成长也是一重要的方面。

北川悦吏子擅长刻画女性角色，反而男主角往往会稍为逊色。《跟我说爱我》里的晃次完全没有长大，一次又一次不懂得如何令所爱消除心忧，反而不断给对方增加疑虑，本质上由始至终没有成长的就是他。《悠长假期》中的濑名尽管疯魔观众，但却始终未能展现强而有力的心理动力，交代他非爱叶山南不可的安排（是习惯，是关怀还是友情）。唯一成功的是《最后之恋》中的夏目，终于从秋身上认识到"爱"的沉重意义。对于北川悦吏子来说，她自己也是一直在边写边学中，努力去寻找更成熟的表现。

1999 年

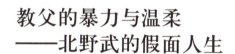

教父的暴力与温柔
——北野武的假面人生

1.6

看《坏孩子的天空》(Kids Return)，教人勾起北野武种种演艺人生的假面 (Persona) 悲情。"假面"本来是指演员佩戴的面谱，用来表明戏剧人物 (Diamatis Personae) 的身份，原用来指舞台上的他我 (Alter Ego)。

但在《坏孩子的天空》中，我们沉重地看到北野武一方面秉承了年轻人并无出路的困局（可参看拙著《日本映画惊奇——由大师名匠到法外之徒》，广西师范大学出版社，2008 年初版），而且还弥漫出师未捷心已死的悲情。另一方面，他更介意道出唯一会成功的，是金子贤及安藤政信两位从事"漫才"（Manzai）的同学。这也呼应了北野武自己的个人成长经验，而且道破了掩饰自已戴着假面生存的悲惨结局。

漫才的世界

北野武 1947 年生于东京都的足立区。他年少时家境不好，是四兄弟中的幺子。他在自传中曾忆述童年时因为父母没钱给他买玩具而感到十分难过；加上父亲嗜酒，醉酒后又常胡闹，甚至打骂母亲，令他十分难受。尽管家境不好，但北野武的母亲却坚持让他们兄弟努力求学，最终兄长成为某大学的工程系教授；而北野武也考进明治大学的工程系，可惜因为不愿受约束而中途退学。

1973 年，北野武与兼子清正式组成 Two Beats 漫才组合。漫才乃是源自关西地区的表演形式，后来才搬上荧屏，吸引了观众更广泛的关注（在《坏孩子的天空》中，两位投身于漫才世界的年轻人，也一本正经去了大阪偷师）。漫才的表演形式，其实就是两人的脱口秀，其中一人主动说出笑话（称为"突进"，Tsukkomi），另一人则扮呆子作愚弄目标（称为"惚"，Boke）而且如果有较多身体语言时，通常会棒打呆子的头来惹人发笑。最简单的模仿，就是香港的许冠文及许冠杰在《双星报喜》中，好像"点到你唔服"的环节。

迎合漫才高峰期

由于北野武及兼子清的 Two Beats，极为出色，加上北野武又时常用一些带有歧视性及粗鄙至极的笑话吸引人，所以很快便成为日本电视中的超受欢迎的漫才组合。Two Beats1974 年开始上电视表演，经过数年，到 1980 年日本正式进入漫才表演的高峰期。富士电视台的《漫才》节目，曾经达到 32.6% 的高收视率，一时之间北野武也成了众人关注的焦点。

当然北野武的成功也在于善于把握机会，从而不受本行的制肘。利用口不择言侃侃而谈的风格，以"毒口"北野武之名，摇身一变成为日本各台综艺节目的担纲主持人。由早年的《大笑时间》、《我们是轻飘族》，到长寿的《天才北野武精力充沛的节目！！》及《平成教育委员会》等等，证明他的潜能的确很大。尽管北野武的前漫才老师 Koh Shintaro 曾于 1996 年出了一本书，攻击北野武为人自大傲慢，而且苛待他的同侪——更重要的是，他认为北野武的"表现"

已经一点也不好笑了。但他也承认北野武是难得一见的奇才，尤其是语言天分及应变能力极佳；如果专心在漫才界发展，一定可以改写这个行业的历史云云。

弥漫的自杀气息

事实上，北野武也曾经狠下心肠把自己的漫才经历搬上荧屏。在完成了杰作《奏鸣曲》后，他在1995年接了《大家……正在做吗？》（Getting Any？），这是一个以北野武军团中成员Dankan为主角，透过他脑中不断涌现的幻想，构成的一个白日梦式的搞笑杂碎故事。

坦白说，《大家……正在做吗？》是一出十分难看的作品，情节无聊且低级趣味，较他在电视上主持的搞笑节目更加不济。但如果放回北野武作品中考量，会发觉内里一直绵延弥漫着自杀气息。换句话说，他把"漫才"世界作为一种自杀装置设于电影中。北野武一方面以"卖笑"的假面踏上名成利就的人生高峰，但同时也受困于其中而逃遁不得。由开始拍电影的一刻，他不断反复展现人生并无出路的困境，而且均从自己贴近的世界去着墨——由黑社会（他手下的军团，不啻是另一种"流氓"组织）到漫才家，他逐一把所属的世界搬上荧屏，尽情展现当中荒谬及无奈的规律，直到别人都感到虚无气闷。

凭假面苟活的人生悲情

正因如此，当我们返回文首提及的《坏孩子的天空》时，北野武的假面人生更可得到具体说明。金子贤及安藤政信演绎的少年人生，某种程度就是戴上假面前的人生前传。而他们努力奋斗却落空的体验，要表达的不是浪费了一两年的青春，而是人生无论如何努力，终归于徒劳的结局。

而只有戴上假面（如两人以漫才为目标的同学）才可以继续生活下去。戏中学校的老师有一句对白说得令人难忘："他们这两个人，最多也不过是小混混的料子。"连坏孩子的天空都注定是一卑微的弱小世界；于是由坏孩子欺负好学生的前奏，忽尔转为两者并无分别。正如电影中，金子贤及安藤政信两人一事无成，还险些几乎掉了性命；但他们的一位善良温文的乖乖同学，进入社会后同样因为捱不住沉重的经济压力，在不断加班的出租车司机生涯中遭遇意外。

换言之，无论是正邪哪种选择，在北野武的世界中并无分别——唯有假面才可以让人放下内心真意苟活下去。坦白说，一切来得十分悲观，却又不容否认北野武道出了人生悲情的真面目。

1999 年

文化解毒：生途悠悠的寂寞

看毕《菊次郎之夏》（1999），我打算把北野武的作品分成两组：一是探讨有约制的人生，基本上以悲观及虚无色彩作结，包括《小心恶警》、《棒下不留情》、《奏鸣曲》和《花火》（1998）；二是探讨人生的变化可能性，其中有《某年夏天，最宁静的海滩》（1991）、《坏孩子的天空》（1996）及《菊次郎之夏》。两者其实互为表里，交糅互通，构成了北野武世界的基调。

第一组上文已反复分析，大抵读者早已心中有数。我现在想针对的是第二组的作品，即使是同为探索人生可能性的创作，三者的取向也甚为不同。《某年夏天，最宁静的海滩》中的真木藏人和《坏孩子的天空》中的金子贤及安藤政信，都是不甘过平凡生活的年轻人。真木藏人不甘受聋哑的约束，努力希望透过滑浪来证明自己的实力，到头来甚至赔上了生命。而金子贤及安藤政信在各自寻觅自己建功立业的可能后（分别向拳师及黑社会发展），最终也徒劳无功，回到一无所有的原点。

相较之下，《菊次郎之夏》中的关口雄介则胸无大志，他只不过因暑假百无聊赖才开始寻母的旅程（导演刻意用了不少篇幅去交代关口雄介于足球班的失落，以及找不到朋友相伴的苦恼）。在旅程开始之时，与其说他是企图成为什么，又或是要成就什么，倒不如看成为一见步行步的历奇更佳。所以在旅程中，我们看到成为主导的是菊次郎（片名称作《菊次郎之夏》正好是一提示），而非饰演正雄的关口雄介。

当然北野武饰演的菊次
郎，绝对和正雄有映衬关系，
甚至透过和上一代关系的类
近，而带出两人的血脉相连声
息。但他们更根深蒂固的关联
点其实在于同为寂寞人；甚至
推而化之，往后于寻母失败后
的河边露营，流浪青年和电单
车双傻，都同样是寂寞同路人。
大家的惺惺相惜其实建基于彼
此的人生委实无聊乏味，因而
才可互相解窘消愁。事实上，
胖子和光头汉不断说为了孩子

要多搞花样以增加气氛，实质上也是为了自己。他们于不同的游戏中的投入和
兴奋，委实较关口雄介来得更忘形自得。

如果我们把《菊次郎之夏》中的露营场面和《奏鸣曲》里于海边小屋的戏
加以比较，正好可见北野武贯穿两部作品的共同基调，那便是生途悠悠的寂寞。
无论是出生入死的黑道中人，又或是一无所有的零余者，同样不能避免人生无
聊且无奈的共同悲情。与《某年夏天，最宁静的海滩》和《坏孩子的天空》不
同，两者竭力在说明青春无尽可能性的虚妄，以为什么都有可能，实质上从一

开始已经不可能，由是道破了人生的悲凉吊诡。反之，《菊次郎之夏》一开始已不放可能性于文本中，直接道出如何消遣彼此人生的可能，连突破或转变也谈不上，只不过见步行步，甚至连对往后日子的期望也一概淡然处之，由是生发出一种不寻找人生可能的探讨人生变化诠释，更加悲苦。

是的，我在这里见到一种小津精神的回荡，就是面对生途悠悠的寂寞无奈，小津安二郎在作品中一直反复探讨人生的寂寞悲情，无论是不幸的人生（《东京物语》）又或是无憾的处境（《秋刀鱼之味》），同样都难逃宿命的寂寞凄苦。同样在北野武的作品中，这种悲情也益发浓郁。事实上，我知道把北野武和小津安二郎扯在一起会给人风马牛不相及之感；但如果细心留意北野武摄影风格里渗入的低角度构图以及人物平衡组位的设计，大抵便不会对他对小津色彩的呼应感到太大的惊讶。

对我来说，《菊次郎之夏》是另一章悲凉的故事，北野武的作品总是环绕人生的悲情及无助，连其中的插科打诨都显得黑色苦涩。北野武饰演的角色愈不按理出牌，便愈见其可怜的挣扎本相。是的，委实看得人如堕深渊，愈看愈苦。

2000 年

1.7

世纪末的华丽
——SMAP 瓜分艺能天下

近日的 VCD 销售，竟然在日剧潮外，被 *SMAP X SMAP* 带上另一高峰，大概超出了很多人的想象。但 90 年代末期在香港涌现的这一股世纪末 SMAP 暴潮，却不禁教我产生了更广泛的联想。

SMAP 的成功，不断令人想起他们的前辈——"光 Genji"乐队。事实上，SMAP 出道时的噱头跟"光 Genji"的不同不仅在于前者玩滑板出场，后者穿溜冰鞋。SMAP 是运动与音乐的组合人物（Sports Music Assemble People）之意。他们一直是"光 Genji"舞台上的伴舞，而他们最初也是以"光 Genji"为榜样的。当然，今时今日的 SMAP 早已证明了其在综艺及戏剧节目方面的才华。但讽刺的是，SMAP 的最大弱点却是在唱功上，这其实是有目共睹的；除木村拓哉外，其他人的歌艺都可以贻笑大方来形容，尤其是中居正广及草彅刚更是五音不全的"猛人"。

世代交替论

当然更重要的一个问题是，他们是否会如所有偶像组合前辈那样，在三五年后又被晚辈取代。事实上，尊尼事务所早已准备好接棒梯队，Kinki Kids、Tokio 及 V6 都是后起之秀。这些组合深明这个道理，SMAP 在节目中有时也会拿后辈开玩笑，如把 Kinki 念成鱼名，调侃一下。

对于我们这一群东洋迷来说，最大的疑惑是今天的木村、香取、中居、草彅及稻垣，会否如 80 年代的近藤真彦和田原俊彦般，在一时之间叱咤风云，但瞬间即消失得无影无踪。正如那年的春季日剧，富士电视在火十（周二晚上十点钟）时段推出由近藤真彦担纲的新剧，对我们来说，无疑有一种时代错乱感。

我想问的是这群偶像人物，究竟是不是纯粹来又往的潮流过客。今日的SMAP 较任何一个年代的日本偶像，在香港招徕了更多的拥护者，究竟只不

过是因为我们能够透过 VCD 看到他们一举一动的心理作用，还是他们确实拥有胜人一筹的能耐而超越了前辈？

瓜分艺能天下

事实上，如果论资排辈，在歌唱事业的发展上，SMAP 其实成绩有限，"光Genji"组合曾经在 1988 年勇夺头三张最畅销的单曲排名，而且自出道以来，曾连续凭八张单曲长踞第一的畅销位置。相反，SMAP 发行了第十二张单曲"Hey，再次多谢"才在 1994 年首次登上第一位。从数字上来看，他们绝非一个有高利润回报的乐队。

但这反而令我们有幸见识到他们更多的表演才华，以及与先前的尊尼事务所其他偶像的分别。尽管之前尊尼的明星已成为日剧的栋梁，但能够如 SMAP 成员般横跨各种媒体，且垄断电视台各综艺节目的别无他人。以目前播放的节目为例，除了深受香港观众欢迎的 *SMAP×SMAP* 外，香取还有《香取慎晋之天声慎吾》（编者注：天声慎吾的日文发音为 TenSeiJinGo，与《朝日新闻》头版下方的著名专栏《天声人语》发音相同），而中居又成了各大比赛的重要司仪（由红白大赛到富士合每季的 FNS 节目对抗会），这些更加证明了他们的多才多艺。

这一点使我深信 SMAP 不会如过去那些偶像很快过气。事实上，目前我们已陆续在他们身上看到各自的潜能。表演上的热情风光自然仍可延续，正如春季日剧 SMAP 三子各自打对台（中居正广的 *Bothers* 、草弥刚的《老师，你不知道吗？》、香取慎吾的《恋爱不用着急》），如果连同木村拓哉先前的古装片《织田信长》，可以说 SMAP 的事业已遍及日本艺能各界。

不过更重要的是，他们的前景已陆续明朗，中居将是北野武及明石家的接班人，即将成为首屈一指的王牌司仪。木村拓哉的火花会继续在戏剧上燃烧，而且田村正和的魅力中年男性形象将会注定由他来接棒。草弥刚预计会更吃得开，因为他慈厚和善的形象，在日本伦理人情剧当道的传统中，可说不愁寂寞。反而香取慎晋的超级大男孩形象，还有待更新以延续演艺生命。

看得见与看不见

一直较少提及的稻垣吾郎，是继已离队的森昌行后另一位较为不起眼的成员。他的戏运大概也延续到 *SMAP × SMAP* 的"Bristo Smap"环节上，每次与他组成一队的成员，大多会在厨艺环节中落败。更不利的是有尊尼事务所的负责人北川一直对他性侵犯的传闻。

北川的同性恋及恋童癖倾向，在日本艺能界中已几近成为半公开的事实。曾经有过气的事务所成员出版日记，详细记述了北川两年来的性侵丑行。并且书中还提及北川对稻垣吾郎特别感兴趣，在长期的侵犯下，甚至使稻垣吾郎的舞姿都变得古怪难当云云。

无论这一类传闻是真是假，我们所能看到的毕竟只是事情的表面。正如将来 SMAP 一旦退出最前线，我们就看不到他们的踪影了，本地媒体自然又会落井下石大肆渲染一番。说到底，如果《协奏曲》没有木村拓哉压阵，加上田村正和之力又怎会吸引到翻版商？此所以甚受日本观众欢迎的《古畑任三郎》在港却无法更广为人识，乃受制于客观条件啊。

只是我们确实已经幸福得无话可说了，姑勿论将来翻版日剧影带会否被拒绝，但能够目睹 SMAP 成员当时的精彩演出，已经算是好福气了。

1999 年

文化解毒：草彅刚的震荡

最近草彅刚在日本因为公然露体，而惹起轩然大波。不少人仅视之为一超级偶像的败德史之一，其实这样诠释不免过于粗疏。事实上，草彅刚的公众丑闻可谓在SMAP中引来的震荡最大，为何会这样说？

熟悉SMAP的读者应该知道，在SMAP五人中，中居正广给人印象一向欠佳，私生活亦欠检点，所以即使有任何丑行发生在他身上，对于日本人来说也不致于太难接受。至于木村拓哉，他一向我行我素，所以稀奇之事发生在他身上，亦会有一批死硬派支持者认为这是他个人风格的表现。香取慎吾一向予人大男孩之感，是名副其实的Kidult，所以公然猥亵行为亦容易被人以未长大的不成熟的理由开脱。至于稻垣吾郎，一向是SMAP中的隐者，以前亦有驾车撞到他人的前科，所以亦不会令人感到意外。

唯有草彅刚，他今次的表现的而且确令所有日本人伤尽心。正如在日本电视台访问不少路人，都指出草彅刚为人一向表现认真，处事大方得体，是大多数平凡但却踏实的日本人的最佳偶像。今次他的自毁形象，恰说明了日本人自我理想形象的破产，打击可谓沉重。

事实上，草彅刚在SMAP一系列的短片中均不断重复巩固以上的形象；换句话说，也是一自我建构的艺人形象神话。在三木俊一郎执导的一系列短片

中，如《菅原小姐》、《插头》及《乘不上》等，草弥刚均以普通日本人的形象示人，设计让他遇上一系列的怪异人物，以强调他的不知所措（《菅原小姐》遇上的是双头超级庞大但声音却娇滴滴的菅原小姐；《插头》遇上的则是鼻子原来是插头的上司在四处寻找掉失了的鼻子；《乘不上》则是在等待电梯时，开门看到一紧贴内侧且仅穿内衣的胖女子）。以上种种均说明了他在日本社会中根深蒂固的公众形象——平凡认真，是邻家形象，虽然无突出之处，却有易于让人接近的亲切感。

就是这个意思了，当有一天你发觉亲人去公园公然裸体，你不能压抑被骗的感觉——那正是此刻日本人面对草弥刚的无奈。

2009 年

1.8

三谷幸喜的魔幻时刻

一直以来都想介绍三谷幸喜这位金牌编剧，他在日本影视界有很高的地位，先是著名的舞台剧及电视剧编剧，后来更编而优则导，成为当红炙手可热的电影导演之一，成就一时无两。

他于 1961 年生于东京的世田谷，"幸喜"之名来自后来荣登"横纲"宝座的著名相扑手大鹏幸喜。三古 1980 年代在日本大学艺术学部演剧学科就读，和伙伴成立了"东京 Sunshine Boys"剧团。据当年的同学回忆，在校期间三谷幸喜已是校内的"知名人士"，当时不少同学十分仰慕他的才华，后来又因为他时常与教授发生冲突，于是产生了成为演员的想法，这一点据说也成为他日后的一大心结。80 年代末，他开始为富士电视台撰写剧本，处女作是深夜节目《还是喜欢猫》（1988–1990），他还因此结识了后来成为妻子的女演员小林聪美。

三谷幸喜本色

三谷幸喜的剧本一向被公认为结构严谨，构思缜密，令人难以挑出破绽。他的基本编剧特色，在两大代表作电影《爆肚风云》及电视剧《古畑任三郎》（1994，台湾地区译为《绅士刑警》）中，均可谓表露无遗。《爆肚风云》以一场直播广播剧的时空为切入点，利用急迫的环境因素条件，制造出戏剧张力。而题材则以电台背后的人事权力纷争为主，强调在每个人（包括配音员、监制、编剧及控制室主管等）均为自己盘算谋利的前提下，所谓的创作可能只是不断相互妥协的产物，到最后甚至都不愿把自己的名字与所谓的作品联系上。

三谷幸喜的作品一向有几个明显特色：一是把故事的发展设定在一个限制好的空间内，《古畑任三郎》这一侦探剧就是典型的例子，剧本把所有的线索头绪完全局限在某一环境之内，不靠任何的动作场面来制造官能刺激，可以说这是编剧给自己的挑战。

二是不让时间飞跃，尽量以"真实时间"（Real Time）来推进剧情；当然这种"真实时间"手法并非百分百严格，但基本上已经把一切铺排限制性地置于特定时间内，营造出强大的戏剧感。《古畑任三郎》第二辑由铃木保奈美压轴的一集（总第 23 回，1996 年 3 月 13 日播放）便是上佳的例子，由首至尾均以一班通宵夜车为空间限制，从查案到破案都在车程上进行，令人拍案叫绝。

三是将维持秩序及破坏秩序的正反力量作为推展剧情的动力。《古畑任三郎》中警匪之间的反复争斗，恰是这种安排的变奏。而在《爆肚风云》中，三个元素同时齐备：时间设定在一晚的直播时间内，空间为电台的大楼（以录音室为主要场景）而角色反复就作品的原意及改动之间的争持，成为两股维持和破坏的对抗力量。而这些形式及结构上的坚持，其实均表现出三谷幸喜的艺高人胆大及其内涵深度。

四是会为演员度身订造人物角色，因此演员可以有更合适的发挥空间。以 2004 年由他编剧的电影《笑之大学》为例，先有由三宅裕司及坂东八十助出演的广播剧版，后来再有西村雅彦及近藤芳正的舞台剧版，最后才是由役所广司及稻垣吾郎出演电影版。每一个版本的内容都不同，每一次三谷幸喜均会跟据不同演员的特质修改对白及情节，以求让大家把自己最优秀的一面展示给观众。

另一显著的为《古畑任三郎 VS SMAP》，三谷幸喜下笔之际，针对他们五人的形象，特别设定故事人物的性格。在田村正和解释破案契机的固定环节中（把所有灯光熄掉，射灯仅打在田村身上），已道明五人的形象性格：极具责任感的中居正广、潇洒有型的木村拓哉、做事自我的稻垣吾郎、正直苦恼的草彅刚以及年轻无脑的香取慎吾。三谷幸喜要利用五人的"特殊性"来制造矛盾冲突、但同时最后又要突出"共性"来建立及巩固友情不灭的神话。

他最成功的一笔是透过稻垣的个人主义制造出组员之间的关系危机，而结局则以中居因为顾及他人而欲把一切揽于己身，故意以出马脚作结。一方面借稻垣不断重复"我也是 SMAP 的一分子"来自嘲，另一方面以中居的友情颂歌作结，戏中戏的构思和度身订造的技俩在此表露无遗。

日本人的集体记忆

对日本观众来说，《古畑任三郎》已经成为了最熟悉的侦探剧，而三谷幸喜也和它建立了不可分割的关系。在日本最受欢迎的综艺节目 SMAP × SMAP 中，木村拓哉更有一个专门模仿古畑任三郎的趣剧，极受观众欢迎，可见《古畑任三郎》之深入民心。事实上，《古畑任三郎》总共拍了三辑，再加上不定期推出的电视电影版，首尾早已跨越了十年以上的时间（第一回在 1994 年 4 月 13 日播出，由中森明菜出演犯人，到第三十九回已是 2004 年 1 月 3 日的事，出演犯人的是松元幸四郎），更为甚者是去年竟然还推出了《古畑中学生》，作为《古畑任三郎》的前传式特别版（2008 年 6 月 14 日播出）——它明显已成为日本人的集体记忆。

《古畑任三郎》的成功很大程度应归功于编剧三谷幸喜，他设计的精密仔细的桥段，把侦探悬疑推理类型的传统发挥得淋漓尽致。加上男主角田村正和的出色演绎，才有如此好的成绩。《古畑任三郎》的编排，是每一集均为一位嘉宾人物度身订造独特的杀人犯角色，透过古畑任三郎抽丝剥茧的心理战，逐步令凶手无所遁形。而且剧中强调脑力竞赛，换句话说双方的争斗在于精神上的交锋，故此最后往往会出现识英雄重英雄的喟叹。

其中一众"猛人"，如木村拓哉扮演的炸弹狂徒、山口智子扮演的舞蹈高手、唐泽寿明扮演的猜谜冠军及明石家秋刀鱼之律师杀人案，各有特色，让人看得眉飞色舞。大家均认为能够在《古畑任三郎》出演犯人是一种莫大的荣幸，所以在演技上互相角力，才给人留下如此深刻的印象。特别是由于制作条件有限（通常每一集都只会在几个场景中完成），因此对演员的演技要求就更高。

喜剧舵手三谷幸喜

三谷幸喜的作品，其实都不脱"处境喜剧"的气息，无论故事是侦探类型（如《古畑任三郎》）、料理类型（如《奇迹餐厅》）、政治人物讽刺类型（如《别称呼我总理》），又或是电影中的"后台剧"（backstagedrama）（《爆肚风云》）等等，都不脱喜剧的基调。他对喜剧调子的执持，往往成为挪移类型的处理手法，令观众从中得到新鲜的快感。

当然，有时候也会使某一类型剧的忠实拥趸产生反感。三谷幸喜曾自言在《古畑任三郎》第一辑完结后，发现在网络上的"古畑论坛"中，有观众说剧集由演员到导演均十分出色，但喜剧感过重，间接令剧本的悬疑构思力不足，令他十分难忘。于是在《古畑任三郎》第二辑中，选用了新的模式，加重悬疑推理方面的内容，以图更进一步提升田村正和饰演的古畑任三郎之查案能力，然而当中的喜剧色彩却坚持不变。

当然，90年代在日本观众心目中的最重要的两出侦探剧《古畑任三郎》及《跳跃大搜查线》（或称作《刑警先锋组》），其实背后都有喜剧基调。只不过《跳跃大搜查线》的喜剧感，是建立在讽刺警界的官僚文化及愚昧上（由此引伸至日本的公务员文化及公司文化）；反之《古畑任三郎》的喜剧感则依靠演员的演技，尤其以古畑任三郎及助手今泉慎太郎（西村雅彦饰）两人的关系为焦点，为观众带来悬疑以外的趣味。

至于《爆肚风云》中的喜剧感，其实源自于对现实感的营造及破解的反复争持。一方面利用三谷幸喜过去在电视台处理直播节目的经验作为电台的背景，同时又需要利用他擅长的"武器"——对"夸张"的控制，以引爆现实中的荒谬感。所以《爆肚风云》中的"爆肚"（指直播时对突发事件的临场应变），不仅在于能否让直播剧顺利播出，同时更涉及环环相扣的荒谬人生细节。女主角千本

（户田惠子饰演），因剧中人的名字是以前夺去自己前男友的女孩名，所以坚持要求编剧更改名字，由此引发一系列的后台纷争。女优的任性及导演的蛮横都是过去的"后台剧"爱用的矛盾，三谷幸喜的优胜之处是把由小处开始的争拗，扩展成人人均牵涉在内的整体矛盾，从而突出广播界的现实荒谬感。

当然三谷幸喜的"夸张"处理法也非完美无缺。《别称呼我总理》一直被视为三谷幸喜失手的作品，主要原因在于"夸张"的肆意滥用使本来有趣的场景（以总理官邸作为故事的中心场景）失去了应有的真实感。由此可见，喜剧感及现实感的对抗及共存关系需要平衡。前者一旦缺乏了后者的支撑，一切便会流于天马行空；而后者若没有了前者，则亦会变得苦涩及乏味，流于过分的沉重。

匠人美学掌门人

三谷幸喜的另一项标记，就是他对匠人美学的彻底拥抱及喜爱，这一点在他近年的作品中可谓益发明显。熟悉他风格的观众，都知道三谷幸喜一向对匠人世界抱持特殊感情。所谓匠人，乃指在某一范畴有特殊专长，而且又能够全心全意，且异常执着认真地去看待自己一门手艺的人。如果说《爆肚风云》仍不过是以传媒界作为"后台剧"的小试牛刀，那么《笑之大学》（2004）绝对是编剧身份自省的沉重心曲。其中由役所广司饰演的检察官负责审查舞台剧的剧本，而为了配合当时的社会气氛，于是不断阻挠有娱乐成分的喜剧公映。而稻垣吾郎饰演的剧作家椿一，就要面对检察官的无尽刁难，从而成就了两人识英雄重英雄的故事。

三谷幸喜固然直探编剧时常被人扭曲原意的心谷，但更重要的是把管制化为创作的原动力，以表明匠人身份从来就与市场需求不能分割，所以把负面元素转化成正面的，才是匠人美学精益求精的动力。

当然，假如三谷幸喜的匠人热情仅局限在影视方面，那仍不过是浅层的自省作品。由他自编自导的电影《大家的家》（2001），就反映出他对匠人美学的执持几乎到了不吐不快的地步。电影透过饭岛家要建新屋，太太民子（八木亚希子饰）找来大学同窗设计师柳沢（唐沢寿明饰）帮忙，但设计的执行却由瓦工出身的父亲长一郎（田中邦卫饰）负责。前者主张现代主义的风格，后者却处处用传统日本建筑成规来要求，结果自然僵持不下。

三谷幸喜一方面既不回避作为匠人代表化身的长一郎之愚昧及封闭，同时亦反映出对他们这即将逝去一代人的怀思——电影中有一幕是长一郎号召一众旧工友回来建屋，结果眼前尽是苍颜白发的老头子，还有不少已早一步离世而去。电影安排两种建筑美学的融通，柳沢在车祸中弄坏了客人价值连城的家具，幸得长一郎以精巧的匠人手艺来修好家具，于是柳沢才逃过一劫。

此所以三谷幸喜另一自编自导的电影《黑帮有个荷里活》（又译为《魔幻时刻》，2008），可以被称为匠人美学的集大成之作。电影摆明车马要向电影片厂年代致敬，但更重要的是其中不经意流露出对"落水狗"仰慕的情感。是的，我没有说错——在三谷幸喜的构思下，人的成就从来不以客观物质条件来衡定。所以在《古畑任三郎》中，由田村正和饰演的古畑任三郎永远与对手惺

惺相惜，不以最终对方落败失手被擒而称英雄。

在《黑帮有个荷里活》中，由柳泽慎一饰演的过气明星高濑允正恰是向匠人致意的对象，还有佐藤浩市饰演的村田大树来呼应对照——如果说前者的福份是还有村田大树这一位死心塌地的影迷和在一生中完成了一出代表作，那么村田大树的"悲剧"或许是连真正的电影也拍不成，然而却成就了戏中戏外如我们的千千万万影迷。

不瞒你说，《黑帮有个荷里活》其实是我个人心目中 2008 年度的最佳电影。

2009 年

《爆肚风云》：三古幸喜 1997 年首次执导的电影，乃自编自导作品，台湾地区译为《心情直播，不 NG》。在 1998 年初的"电影旬报大赏"中，该片的排名为全年第三，仅在宫崎骏的《幽灵公主》及今村昌平的《鳗鱼》之后，而三谷幸喜亦凭本片夺得最佳编剧奖，西村雅彦则获颁最佳男配角，可见其作品在日本的受肯定程度

文化解毒：古畑任三郎的后设手法

　　作为一出侦探剧，三谷幸喜对《古畑任三郎》结构上最大的坚持，就是一直沿用后设方法去解谜。而在第三辑中（1999年4月13日至6月22日播放），此况来得更加彻底。举例来说，过去在每集破案前，古畑任三郎面向镜头向观众的解说，本身已是一后设的设计，同时再一次提醒观众这是戏剧的世界，令观众产生一重疏离效果免得盲目投入（布莱希特的观念）。1999年版变本加厉，甚至前所未见地让古畑任三郎于解说时段中，拿读者来信加以插科打诨，且对观众认为不合情理的批评进行抗辩，并自嘲说于45分钟内破案委实不容易。这一点可谓再次提醒了观众，一切不过是一场戏，所谓后设的安排正好回归到编剧三谷幸喜在种种现实制肘上（时段及既有形象等等）的回旋空间，从而让观众得到平衡的欣赏趣味。

　　回到戏剧的内容，第三辑的而且确更让我们感到古畑任三郎已拥有了无所不知的侦查能力。尽管古畑的解说强调一切均有迹可寻，无论是专业凶徒还是大意的常人，必定有蛛丝马迹留下来。但重要的为古畑在每次的破案过程中，仿佛均已预知漏洞的所在，连剧中人（不同角色）包括今泉慎太郎及时常转换职业的小厮均不忘对他的"直觉"性破案风格开个玩笑，可见背后编剧的两难。既无力突破"先知式"侦探的查案处理法，但又不甘心被观众误解批评，唯有委屈地以自嘲的方式略作宣泄。

1998年初稿，2009年修订稿

脑力观察，街头实践

PART 2

2.1

今时今日谈论日本广告，我想提出一个基础共识的前提预设：过去如英国文化学家雷蒙德·威廉姆斯（Raymond Williams）早期的广告研究，其针对广告与社会机制以及道德层面上的解读，仍是 90 年代人关心的问题。他在 1961 年完成的《广告：魔术般的体系》（Advertising: the magic system）中，讨论了不少广告的本质、转型及权力上的问题，且不断结合社会状况加以引申诠释。这种社会对照式的解读，即使延至 90 年代仍不断有生存空间。

从品物心情到性别人身
——日本广告的思考

近年美国的广告研究也普遍存在以内容分析的方式，去寻索广告媒象与社会现实的平衡关系；而从男女性别的角度导入论述政治的风潮，更是一浅显及容易入手的研究角度（可参看 *Gender and Utopia in Advertising: A Critical Reader*）。但我依然倾向接受当年尚·布什亚（Jean Baudrillard）于 *The System of Objects* 对广告本质的思考："广告的整体构成了没有用处及无关重要的世界，它只是一纯粹的引伸义。在物品的生产及直接应用过程中，均起不了什么作用，但却成为'物'的系统里的一部分。不仅是因为它与消费相关，而且它本身也成了一项消费品。"尚·布什亚提醒了我们，广告是由影像（图像）、文句及声音（电视广告）构成的自我完足世界，因为由始至终它也只在建构一种概念；我们所讨论的也仅是概念世界中的逻辑关系，以避免堕入作为社会状况单纯"反映论"的阅读寡臼。

文化界的接受过程

尽管日本广告在 70 年代末开始高速萌芽，但也一直受到不少媒体分析家的批评，不过也同时反映出它作为一种表现媒体，益发受到各界的重视。连专门致力广告研究的杂志《广告批评》也于 1979 年春创刊，杂志的总编辑天野佑吉在与 NHK 的电视导演和田勉对话时，彼此也认为广告有过分轻视语言的新趋势，这种"映像至上主义"甚至有破坏了电视机制之嫌（参见天野佑吉《广告之书》，筑摩书房，1986 年文库版）。连日本著名的文化论者吉本隆明（吉本芭娜娜之父）也在《当今的电视广告》（1988）一文中，着力抨击广告的影像层次深度绝对不可与电影的影像相比（《作为情况的画像——高度资本主义下的电视》，河出书房，1991 年版）。

由此可见，即使自 80 年代日本社会涌现了一批优秀的广告创作人才，如系井重里、川崎彻及仲畑贵志等，他们的社会地位也不见得有明显改变。而且系井重里在接受天野佑吉的访问时，也抱怨作为一个广告的 Copywriter 完全没有保障，任何人都会有被实时取替的可能，所谓的名气或资历全不管用，故广告创作人充其量也只能说是业余玩家。

广告的市场潜力

文化界也有不认同广告的一面，但事实是广告在日本媒体市场中所占的比重却日趋扩大。日本广告杂志 CM now（1997 年 9–10 月号）便曾刊出，1997 年电视广告在各行业的出稿量上均直线飙升，这说明它们才是日本电视台运作的"幕后黑手"。与去年相较，在一般性的电视节目中，出版（上升 20.9%）、信息情报（上升 11.3%）、药品医疗（上升 8.6%）及金融保险（上升 7.3%）等行业都有明显增长。至于运动节目方面的广告，则是信息情报（上升 36.7%）、汽车（上升 27.1%）、地产（上升 16.1%）及公司企业（上升 13.1%）类等表现最强劲。而全年的营业额，以富士电视台、日本电视台及 TBS 表现最佳，分别达到 3036 亿、2596 亿及 2330 亿日元。

业内人士指出，电视广告的收益大幅上扬，一方面因为有的消费税 5% 可以用于广告的花费上；此外对金融机构约束的放缓也刺激了广告量的上升。至于音乐、出版及电子游戏机方面的销售狂潮，更加使上述消费品的相关广告量激增。在市场强劲的利好因素支持下，广告的数量注定稳定上扬。令我们感兴趣的是，日本的创作人用什么策略去巩固及锁定这数以亿元的广告市场。

品物心情的探索

我想从两方面去分开处理以下的广告论述，区别思考以"物"与"人"为主导的建构方式。在以"物"为重心的广告中，其实一直是从多方面与潜在的受众（人的身份）建立关系的；彼此有时亲和，有时角力对抗，大前提是渴望消费者在广告中也可以阅读出它自身的性格，而不至于过目即忘。在这一层次上，无论是希望成为商业上成功的广告，又或是提高自身消费价值，基本目标仍是相同的——尽量令消费者产生话题。

最原始的切入点自然是为品物制造"温暖"（Warmth）的感觉。温暖固然是一种气氛，甚至可以是物质意义上的颜色温差；应用到广告阅读上，强调的是与受众建立"个人化"（Personalized）的关系，把商品人性化，把品物的冰冷形态与消费者的流动心情联系起来。于是品物所针对的受众便不再无名无姓，营构出来的对象是有血有肉的消费者；尚·布什亚的名句"如果品物爱我，我便获拯救"（If the object loves me, then shall I be saved），某种程度上甚至可以说具有一点宗教意味。Parker 的墨水笔广告，活用井上阳水及夏目漱石的笔迹，把"爱"与"心"赋予冰冷的书写工具，正好是"温暖"策略的最明显表现。目标就是要制造出一种虚假的关怀，去安慰消费者心理上的脆弱，从而建立沟通渠道，组合成消费社会的逻辑脉络。

当然把广告中的品物干脆拟人化是进一步理所当然的手法。但其中仍可以有回旋的余地提供幽默的空间，"川崎竞马"就是一个好的例子。在一系列的川崎竞马广告中，以卡通化的马匹作为主角已是基本模式，而且创作人还不断制造出一种幻象：消费者可以进场赏月、乘凉、观星及野餐，总之在马场中仿佛不看赛马也无大碍，自身的旅程已经是一种愉快的活动。姑且勿论这种越轨的招徕是否有效（去马场除了赌马还有其他活动吗？正如去球场不看场上的比赛），但易位的讽刺趣味是，那些马匹代替了我们来休闲取乐的身份，于是乎它们在看的——不正是气冲冲的一众赌徒吗？刹那间受众反而才是出气出力的主体，但作为广告无疑趣味不少。

事实上，正如刚才提及的广告，它本身不一定必须以取悦受众为务，与消费者对立的关系在有意或无意之间同样可以建立起来，而且并不违背广告渴望刺激消费欲望的本质。尚·布什亚曾经提到挫折感（Frustration）的营造也是广告的一种重要策略。换句话说，广告所指的乃一个缺席（Absent）的世界，符号不啻是一个"传奇"。它自身固然包含一定的信息，但目的其实仅为了吸引人关注其所提供的虚幻世界；亦可以说是透过挫折感的挑动，来达致最后对满足感的追寻。

日本的著名漫画杂志 *Big Comic* 在推出连载新作《江户前的鼠标》的广告时，以一大块金枪鱼寿司变成鼠标作噱头，利用日本料理来勾起大众对江户前时代的传统感触。而且透过事实上不存在的条件（挫折感的建立），来催诱消费者的阅读冲动（对满足感的追寻），这也可说是营造"挫折感"的活用例子。

性别人身的阅读

当然话得说回来，在日本广告的文本中，最受欢迎的仍是以明星偶像挂帅的广告。以 *CM now* 杂志读者投票选出的最受欢迎广告名单为例，前十名的全都是以偶像为招徕的作品，其中仅广末凉子便独占头三名；其他受欢迎艺人还有森高千里、远藤久美子、伊藤裕子及帕妃（Puffy）等，说明了明星效应还是广告业内的不二法门。

在艺人形象的塑造上，广告固然有自己的策略。木村拓哉著名的口红广告，以及 1997 年上半季最受读者喜爱的广末凉子的 Live-Dio 广告，同样晓得在形象转化上大造文章。木村拓哉强调性别越界之放肆快感，以"我可以比你更艳"的妖艳姿态"君临"消费者；广末凉子则以健康之中性美示人——单身女子骑着 Live-Dio 在澳洲的海溃路上驰行，一样实现了消费者的幻梦。两个广告的相似之处在于，都突破了艺人自身性别的局限，透过侵占异性的精神领土（木村拓哉突入女性化妆的自恋世界，广末凉子则涉足男性的逍遥流浪幻想空间）惹来同性的羡慕及异性的妒嫉，一举收获受众人数中的最大公约数。

在性别人身的转换表象下，其实也涉及不少潜在的色诱化（Eroticized）策略。事实上，尚·布什亚早已指出这种色诱化的特质不仅常见于用性做主题；当广告不断营造虚拟的购买力，令消费者触及和"呼吸"到这种购买力时，其本身已是一套情欲化的逻辑。我想指出的是，即使不全面检查所有广告背后的情欲逻辑，而仅局限在两性身份的观察上，色诱化的挑动手法仍是洋洋大观，目不暇给。

事实上，日本的广告市场也在为老掉牙的情挑桥段寻觅新鲜的元素。李嘉欣及陈慧琳为 Shiseido 做的"PN 唇膏广告"以及周海媚与永濑正敬的 J-Phone

广告（满地蓝珠的影像效果甚佳），都标志海外新力军为情欲逻辑带来视觉上新的感官刺激。

除了在形象视觉上的求新，更重要是意念上的表达。可儿必思（Calpis Water）上一季用内田有纪（当时仍是大红人，近来则人气急挫）作楚楚可怜状促销，自然直接把消费者的目光引入搂着内田有纪肩膊的无名之手，予以保护认同位置的投射。以色诱为潜本文的策略，很多时候正是以一种以退为进的形式，来加深虚拟的想象满足感。

至于传统上一再应用的"美女与野兽"桥段，更是以貌似无伤大雅的手法启动色诱化效果的万应良方。在"猴子也懂得用计算机"的广告中，自然醉猴之意不在计算机，倚靠在计算机上的美女才是"正文"所在。在表面上与性话题完全无关联的广告中，底层里其实仍离不开以情欲激发的权力关系。当中路人皆知的逻辑是，凭借掌握知识和权力（以计算机借喻），我们也可以手执美女于身上（发泄猴头脑中的兽欲），把性别定型的权力安排得彻底袒露以供人满足虚幻感。

1999 年

2.2

记忆像铁轨一样长
——天南地北火车文化

日本人对有轨交通工具一向感情深厚。这种表面上对某"物"的依恋，其实是一种怀恋式的表现，背后的深层结构远较记忆有更大更广的化学作用。

JR 的深情结构

东京都以"圆形循环绿色山手线"及"东西贯穿的中央线"为中心，建构出以国铁（JR）为中心的交通地理观。山手线的列车均有绿色车纹，所以被称为绿色山手线。即使只曾短暂寄居东京两年，我对山手线也颇有感情，特别是逢周末看毕通宵电影连环场后，在月台瑟缩一团等待首班列车的情景犹如昨日。至于中央线，歌手矢野显子（Yano Akiko）的《中央线》一曲有如此描绘：

> 在你家的那方　流星坠落了
>
> 我停止漱口　飞身踏上电车
>
> 现在你　弄碎流星
>
> 浮于浴盘　等着我
>
> 开始跑了　中央线
>
> 越过晚上　载着我
>
> 逃走了的猫　出去寻找的模样
>
> 你再不会　回来
>
> 现在你　在哪里舒适地居住
>
> 找到城镇　和猫一起住吧
>
> 开始跑了　中央线
>
> 越过晚上　载着我

矢野显子在 1976 年以歌曲《日本女孩》成名后，被誉为天才少女，后来与不少日本音乐人结缘，且曾两度参与 YMO 的世界巡回演出。1990 年移居

美国纽约，仍念念不忘自己成长所在地的中央线沿线，《中央线》一曲也收录在她推出的唱片 *The Best of Akiko Yano* 中。

　　我与她一起分享对过去的怀念；更重要的是对整个东京的怀念，也因应列车路轨所经过之处而重新镕铸。我的东京世界依然局限在山手线的圆圈范围之内；但矢野显子的中央线深情却非仅指来往新宿与东京（如御茶之水、市之谷及四之谷等）之间的上班族地带，而是延展至西面的中野、吉祥寺，甚至是可以追逐流星的国分寺和人心里面的记忆——记忆正好跟从路轨拓展延长，并将感情世界带向未知的领域。

铁路社会学

地铁在东京出现，是在东京奥林匹克运动会翌年（1965）。到目前为止有十多条路线，总长度已超过 18.93 万千米，更创造了新的运输神话——现在从东京去任何一个地方，均可在一小时内到达。

地铁不仅是交通运输工具，还能帮助日本人重新认识东京。川本三郎在《杂踏社会学》（东京筑摩书房，1990 年第 4 版）中提及地铁线的启用令东京外围不少地方成了旺区的支持地带——包括"新宿的后园"和"银座的后园"。私铁田园都市线一带，便因与地铁相连而成了涉谷的"后勤区"。

路轨四通八达，使市内所有事物也多了被人接触的机会。川本三郎举出自己的经验，自从有了都营新宿线，每次至少节省一半以上的时间往日本的文化书镇神保町，并且次数大为增加。不少本来位置偏远的艺术电影放映地，均因为地铁变得方便（如千石三百人剧场因都营三田线吸引了更多观众，神保町的岩波会堂此况更甚）。铁路间接对文化活动的推广普及起了刺激作用。

美好憧憬的寄托

我想起罗兰·巴特在《神话学》（*Mythologies*）中分析"玩具"时提出的见解：玩具展示了成人的功能世界，并训练儿童接受成人的所有功能，学习如何利用世界。儿童是使用者而非创造者，但成人为他们预备的玩具并无惊奇的险情与乐趣。"交通运输"（如火车及汽艇）作为玩具中的一大类别，当然

也属于他所分析的范畴。

　　然而我却不像他那么悲观，日本人对列车往往具有美好印象——它既是对逝去了的老好世界的怀想媒介，同时也是对未来前景的美好憧憬。历史经验的说明新的铁路及地铁网的出现，代表了未知名的新经验的开发；而又因为旧事物在重建中的变动，甜蜜的回忆又可在脑中萌芽。所以即使列车化为了玩具，它的作用也不一定局限于消极地教授儿童如何掌控成人世界。我们时常看到日本人对列车的美好期盼——在《银河铁道999》的未来世界中，铁路就天马行空地成为想象的依据。

　　我回溯自己的经验，日本人确实在列车上花了不少心思，令在每条铁路上奔驰的列车都仿佛有自己的性格。在北海道疾驰的 Super Hokuto 及 Super Ozora，未来派的 High-Tech 机械修长身形，让我感到有向新干线列车示威的怒气在身（新干线列车外型多单调平板，但速度却最快，可惜到目前为止仍未展延到北海道，故北海道人常有被遗弃的感觉）。至于负起穿越日本最长海底隧道责任的 Hatsukari（由本州岛穿越日本海往北海道），虽老气横秋却又欲振乏力（由青森至函馆），未尝没有幽默的一面。印象中每次列车抵达总站后，总有游客到车头或车尾拍照留念，在不自觉间我也成为了他们其中一人。不知道下一趟列车又会带我往哪儿？但记忆却还在跟从路轨延展伸长……

1999 年

2.3

由电影到小说
——援助交际的疑惑

1997 年的香港国际电影节，曾经放映过一部以"援助交际"为题材的作品，导演是原田真人，影片名为《援助交际二十四小时》(Leaving / Bounce to gals)。当时颇受观众的注意，而且"援助交际"也是近年日本社会热衷研究及关心的话题。

所谓"援助交际"，是指一群日本女高中生甚至大学生利用一些色情电话俱乐部的留言服务与陌生男人进行交易——可以是性交易，也可以是单纯的吃饭饮酒聊天唱卡拉OK，总而言之她们就是一个外借的服务员角色，经双方议定服务内容及价钱后，便可以约会碰面进行交易。以"援助交际"为题材的作品，自然有事先张扬的吸引力，除了原田真人的电影外，还有日本作家村上龙透过搜集资料而写成的小说《援助交际》，从商业角度考虑上，这个题材也可说有极高的叫座力。

解不开的寂寞心情

只是无论原田真人还是村上龙，其实都无法突破对她们形象的固定诠释。毫无疑问，她们都属于物质主义的成员，村上龙和原田真人不约而同地仔细刻画她们对打扮的沉迷及对名牌的溺好，接受"援助交际"的理由也大都建基于此。《援助交际》中的女主角裕美为了一只戒指而愿意和陌生人做出第一次性交易，正好反映出对这个现象背后的定见。

当然大众都竭力避免对这群女孩子做道德判断，原田真人更扬言错不在她们，而是日本为何有那么多有龌龊想法的老头。所以当两出作品企图去探索这群女生的心理状态时，更令人摸不着头脑的反而是那群中年汉的奇异行径。《援助交际》中的挂川为了搜集女高中生咬过的葡萄，花十多万日元让她们来唱卡拉OK。

换言之，透过交易令主客双方唯一拉近的其实是一种双方不理解的感觉，从而成为一种心灵的禁忌盲点。《援助交际》中提到她们并非把与陌生男子进行性交易的经验视为禁忌，如果单纯因为厌恶，找个好友说出来便好了。"而且她们无法接受，也不想去了解一个想要女高中生咬碎过的葡萄的中年男子的想法，因此她们才会不再去提那一件事。她们虽无法接受，可是那件事将化成一个真实的体验存在她们的记忆中。"到最后那种隐忍成为彼此各自存于心里的寂寞情绪——男女双方同样寄情于"物"，由女生的钟情名牌到男子的色欲纵情，均是在用短暂的解脱来点缀都市里的空虚心灵。

由被动到主动？

当然"援助交际"发展得如此蓬勃，也在于它的"无人驾驶"精神，它建立了一种渠道，让女生不用受黑帮操控就可以直接与色欲消费者得到联络沟通。在《援助交际二十四小时》中，由役所广司饰演的黑帮人物认为这群女生抢走了不少色情会所的生意，所以更扬言会对她们进行杀一儆百的打击。但援交背后隐含的是女性可以对自己身体进行自主操控，从而掌握自己的命运。

《援助交际二十四小时》中的Lisa，跃跃欲试地出售自己穿过的底裤赚钱以图圆自己出国的美梦，情况就如愈来愈多的AV女星在个别的访谈文章中，也曾表示色情生意是她们实现梦想的唯一途径。她们的概念是，在日本社会这种森严的律制下，大部分人的工作其实都是一种精神上的卖淫，只不过他们出卖的是青春、时间及健康；而她们出卖的是肉体及尊严而已，彼此其实不相伯仲。反正大家都要在混帐的社会中生存下去，自己既无力一走了之，亦无胆一死作罢，那么，努力令自己过得好一点遂成为最卑微的渴望。与其出卖一生的

青春都达不成小小梦想，不如趁肉体在高价时集中出卖，至少可以赚回一笔以实现小小心愿。

这种理解其实是"援助交际"交易中的潜台词——一切建基于供求关系。所以在《援助交际》中，裕美不断为自己寻求可以与陌生男人共睡交易求钱的心理借口，而《援助交际二十四小时》中的一群女生，更以耍弄小聪明在男人身上找便宜——以不卖身又得财而沾沾自喜。

巧合的是，两出作品均提及用电枪打击对方乘机掠财。只不过在《援助交际二十四小时》中为女对男的手法，而在《援助交际》中则属男对女的做法。在主客易位的同时，也带出了交易背后的危险性。她们永远面对一个陌生的世界——靠陌生男子进入了另一重空间，即社会、变态者、糟老头及各适其所的变异历程。为主动的幻象提出警告，提醒介入者其实仍处于被动的位置。

"援助"的虚假误会

说到此，所谓的"援助交际"其实没有解决任何问题，只不过是另一种性交易形式的名相罢了，它所凸显的是日本社会的更多缺憾，彼此对自身所处位置的厌恶及无奈，利用物质去互相燃烧以寻求片刻的解脱——无论是肉体或微小的梦想。

所以创作者（包括原田真人与村上龙）竭力表示立场的中立，并为女生一族开解道德上的责任枷锁，但显得有点力不从心。正如村上龙在小说后记中强调这是女生渴望与别人邂逅的一种心情，目的无非是想在"援助交际"的议题中找到一些较有意义的切入点，刻意淡化一切以物质主义为主导的色彩。

只是她们的举动行为，正是整体社会生存状态遭扭曲的呈现方式之一。社会封闭状态带来的沉重压力，实在令人喘不过气。坦白说，"援助交际"的作品教人觉得不舒服的并非那群女生的卖春行为，而是这个社会教人无路可逃的厌恶气氛。

1999 年

2.4

棒下不留情——走进日棒的国度

一直想写关于日本棒球的文章，这或许对自己有一定的纪念意义，对于我这样一个完全不懂棒球的外行人来说，留学期间每晚追看棒球转播的节目片段，领会局中人的乐趣，那经验很令人回味。更重要的是，我发现体育项目于现代社会可以开枝散叶的两大元素——适当的企业管理和偶像球星日棒都具备了，连我这个异乡人也禁不住投入进来。

两大联盟的产生

日本的棒球运动源自明治时期，由美国传入。但棒运真正制度化，是在两大联盟赛制建立之后。1934 年，日棒之父正力松太郎已表明日棒要完善发展，仿效美国两大联盟制势在必行。但鉴于正力松太郎是《读卖新闻》报系的人，一旦开放了职棒的门户，那么商业上的对手（主要是《每日新闻》）便可趁机催足气势，来挑战《读卖新闻》在市场上的领导地位，所以两大联盟迟迟没有成立。

到了 1947 年，民意已到了不再容许为保护商业利益而阻碍职棒发展的地步，于是正力松太郎终于主动与《每日新闻》沟通，希望促成两大联盟的成立。但讨论反复拖延，至 1949 年才正式成立了两大联盟，并分别命名为中央联盟（Central League）及太平洋联盟（Pacific League）。前者有八支球队，分别为读卖巨人、阪神老虎、中日龙、松竹、广岛鲤鱼、国铁燕子、大洋鲸及西日本海盗；后者则有七支球队，分别为阪急、南海、大映、东急、西铁、近铁及每日。每年先由两大联盟角逐出冠军，然后再由两支冠军队进行盟主赛，来决定最终的霸主是谁。

商业管理的组织

从萌芽阶段开始，职棒便与商业财团的管理经营建立了不可分割的联系。在日棒的历史发展中，先后有两支建立了伟业的长期盟主球队，它们都有完善的管理概念。读卖巨人于六七十年代曾创下九连霸；而西武狮子也成为 80 年

代的盟主，在 10 年内一共 6 度称霸。我们可以西武为例，检视它的经营理念。

西武集团于 1978 年抢下西铁，翌年经整顿后以西武狮子的名义在太平洋联盟角逐。根据池井优（Ikei Masaru）在《野球与日本人》（日本丸善出版，1991 年初版）中的分析（"野球"为日本汉字，即棒球），西武经营棒球的策略有几点值得注意。第一是积极开拓女性及小孩的球迷群体，利用邻近西武球场的集团所属游乐场之优势，用"优惠制度"积极鼓励球迷一家大小到游乐场及参加看棒球赛的一日游，结果使西武球场的上座率高达 56%，成绩斐然。

其次是把狮子队的"浑名"定为"Jungle 大帝"（森林之王），且极力央求手冢治虫把同名的漫画狮子造型，授权出让为西武队的标志，这使全国的中小学生都为之着迷，迅速为西武建立了庞大的少年拥趸。第三是一开始便把职棒事业当作为长期投资的项目。建立完善的宿舍及训练场地，为吸纳及培育年轻球员打好基础，同时也争取到市民的信任及好感，令他们相信西武一心为职棒尽心尽力的美好神话。最后更充分利用集团旗下西武电车（即火车）的优势，把每日更新的 Lion News 吊于电车的车厢内，和乘客建立无比的亲切感，恍如每天都与西武狮子队生活在一起。

野茂的龙卷风神话

说了那么久，职棒的成败当然也有赖于明星球手的出现。远至职棒草创时期的超级投手泽村荣治、乃至巨人王朝时期中的两大强棒手王贞治及长岛茂雄，近至最近冒起被誉为"二十世纪最后一张王牌"的井口忠仁，都紧紧抓住了日本球迷的心。江山自有球星出，似乎是不易的定理。

但真正能够跳出日本，成为国际棒球明星的，大抵只有野茂英雄（Nomo Hideo）一人。早于效力近铁的时，野茂已被行内行外一致认定他是20世纪结束前日本的最佳投手。当1994年球季尾声传来野茂要渡洋往美国效力的消息后，大家都认为他不会放弃眼前的金钱和荣誉、家庭、妻儿，而去与强手林立的美国大联盟打一场没把握的仗，但事实却不然。

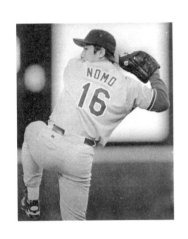

野茂为了证明自己拥有世界一级水平，终于决定在1995年的赛季投效洛杉矶道奇队（Los Angeles Dodgers），并于首季即取得13胜6负，三振对手236次的佳绩，并当选国家联盟的新人王，被美国媒体冠以"龙卷风"称号。 野茂著名的指叉球（Fork Ball），由于出手时与直球几乎一样，令击球者无法预测；加上他的指叉球是一边旋转、一边下坠，令人防不胜防。曾经有专业球评家对野茂的指叉球做更细致的分析，来力陈美国球员为何打不到野茂所发指叉球的原因，不禁令人瞠目结舌。

但最讽刺的是，野茂在自白书《野茂英雄：我的龙卷风战记》中，对日本职棒及媒体的恶行进行了毫不留情地批评，引起轩然大波。野茂如此不忿，主要因为日棒的管理方式把球员视为公司的职员，毫不尊重个人意志，甚至一切均以团体利益为重（即使球员受伤仍要勉强上阵）。加上媒体毫不专业的私隐报道方式，使野茂对整个日本职棒界完全死心；这对自以为办得十分成功的职棒界高层来说，无疑是一次沉重的当头棒喝。

物极必反，损失了野茂英雄的日本职棒，现在正是重新反省一切的时候，我们唯有拭目以待。

1999 年

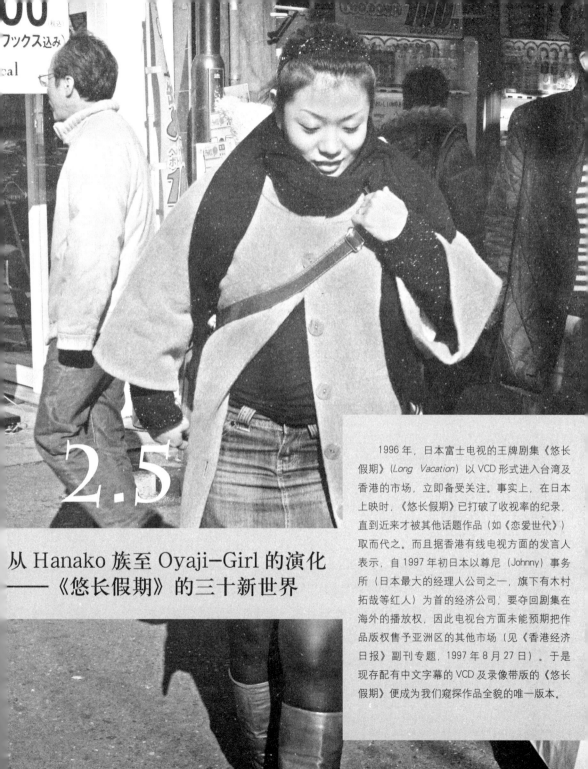

2.5

从 Hanako 族至 Oyaji-Girl 的演化
——《悠长假期》的三十新世界

1996 年，日本富士电视的王牌剧集《悠长假期》(Long Vacation) 以 VCD 形式进入台湾及香港的市场，立即备受关注。事实上，在日本上映时，《悠长假期》已打破了收视率的纪录，直到近来才被其他话题作品（如《恋爱世代》）取而代之。而且据香港有线电视方面的发言人表示，自 1997 年初日本以尊尼（Johnny）事务所（日本最大的经理人公司之一，旗下有木村拓哉等红人）为首的经济公司，要夺回剧集在海外的播放权，因此电视台方面未能预期把作品版权售予亚洲区的其他市场（见《香港经济日报》副刊专题，1997 年 8 月 27 日）。于是现存配有中文字幕的 VCD 及录像带版的《悠长假期》便成为我们窥探作品全貌的唯一版本。

戏剧与现实的呼应

《悠长假期》实在有不少地方值得细说（老实说，我自己也中了《悠长假期》毒，"幸好"最后四集水平稍跌，才得以教自己重拾理智回到现实）。首先在选角与角色身份的配合上，电视剧显然花了不少心思。《悠长假期》提及的模特儿职业生活，恰巧也是数名演员的现实经历。饰演女主角叶山南的山口智子，正是时装杂志模特儿出身；至于饰演她弟弟真二的竹野内丰，也是从模特儿选拔赛中勇夺冠军而进入艺能界的；出任他女友的 Ryo（留美），更是当前日本的顶尖模特儿之一，1997 年好几个月的 *non·no* 杂志封面人物就是她，有此共同背景，自然有利于演员投入角色演出。

叶山南这个角色是一个过气失势的女模特儿，与山口智子在艺能界平平的发展可说不相上下。山口智子是实力派的演员，但只有在 1994 年的电影《居酒屋幽灵》（渡边孝好导演）及 *Undo*（岩井俊二导演）中有较多表演，而其他方面的发展亦只能算一般。叶山南生于 1965 年，比现实中的山口智子还要年长一岁；两人同样需要面对女人三十的各种压力——这正是《悠长假期》其中一个重要主题。

事实也证明，《悠长假期》的所有配角自此之后大多片运亨通。松隆子已成为日本炙手可热的正统派玉女／女优，广末凉子更是少女派掌门人，最近也在电影（《二十世纪的 nostalgia》）中冒出头来。其他如竹野内丰，近来亦凭与反町隆史合作的《海滩男孩》而人气急促飙升；甚至连饰演桃子的稻森泉也将会于改编自北条司漫画原著的电影 *Cat's Eye* 中，与藤原纪香及内田

有纪分庭抗礼饰演黑猫美女三人组。相对来说，山口智子便显得斯人独憔悴，《悠长假期》里的中心命题，在现实世界里未尝没有呼应对照之处。

《爱情白皮书》的变奏曲

《悠长假期》中的濑名秀俊（木村拓哉饰）及叶山南两个角色，在日本文化中都有可供参考的原型。在柴门文的《爱情白皮书》中，挂居保的形象可说是濑名秀俊的前辈"模型"；巧合的是，在1994年《爱情白皮书》的电视剧版中，木村拓哉正好饰演挂居保的好友情敌取手治，而这次来一回易位，未尝没有一定的新趣味。

挂居保和濑名秀俊都是那些敏感、内向且温柔非常的日本新男性。说"新"是因为他们的形象与日本传统的大男人截然不同，但事实上在现实生活中其实并不多见。不过重要的是此类形象极受日本年轻女性的欢迎，因此收视率极高。挂居保的人物特征之一，是一直为他人设想，有时甚至会伤害自己及钟爱的人；濑名秀俊完全承继了这方面的性格设定，剧中甚至借Ryo的口坦然批评濑名的"性格缺憾"："濑名你就是对所有的人都太好，但也在不知不觉间伤害了别人而不自知。如果你不放弃追求凉子（松隆子饰），我就不会失去真二（竹野内丰饰）。"这正是《爱情白皮书》中挂居保为了凉子而伤害了留美的同曲变奏。

至于作为人生这场大戏的小配角，两者的形象也是统一的。当然挂居保的反省来得更深刻，在对空良的训示中，更把懦弱的人要在社会中生存下去的秘技（"适应"及"假装"）面授给他：说谎和欺骗有时也是必要手段（《爱情白皮书》第二部第三集，台湾尖端出版社）。濑名秀俊本身亦如挂居保那样，一直处于弱者及失败的位置（两人都在竞赛场中落第），甚至把自己也形容为"黑夜"，存在目的只是为了映衬闪亮的星星而已。当然为满足观众的要求，濑名终于成为钢琴比赛的赢家，故事结局的大团圆安排，或多或少缺乏了说服力，倒是肯定了两人最终也为自己打算的决定；挂居保终于等到成美回头，而濑名也追到了叶山南，完成了由为"他人"到为"自我"的蜕变过程。

事实上，柴门文在《爱情白皮书》中努力描绘的年轻人——在那种乱七八糟的父母"糟蹋"下，仍能突破且有着正确的人生观并茁壮成长的孩子（见《爱情白皮书》第一部第二集后记），也是《悠长假期》里的同代人。在《悠长假期》

中，大部分家人的角色均被排斥于视野之外；他们或许在 Hanako 族（花子族）口中涌现，叶山南及模特儿师妹小石川桃子（稻森泉饰）其实也是花子族成员。

1988 年 *Hanako* 杂志在东京创刊，它是一本以首都圈 OL 消费者为目标对象的杂志。创刊当时便以"从物品到内心"的柔性消费主义为旗帜打开市场。文化分析家也顺应地以"花子族"来形容这批新一代的女性消费者，可是花子族是有年龄界线的，当 OL 还是青春美丽并且条件丰厚时，自然风光无限好。假若优越条件逐一丧失，花子族们就要回到一无所有的境地。

叶山南与小石川桃子都以模特儿为职业，两者都是所谓的花子族成员。不过前者正因为年轻逝去，因此面临"转型"的压力；后者却仍可高呼"恋爱是人生的最高目标"，无视一切横行左右。

由花子族过渡到老头女的转变关头

日本的女性主义文化分析家上野千鹤子于《性爱论——对话篇》（河出书房新社，1994 年 4 月文库版）中曾指出，花子族发展下去，不少会选择"有利"的婚姻，即依赖成功男人的财富继续自己在首都圈内多姿多彩的生活。《悠长假期》里的小石川桃子后来不断与佐佐木教授开玩笑及抛媚眼，不妨看成上述观察的潜在写照。而经历过花子族的阶段后，部分女性会演化为 Oygji-Girl，表面上可意译为"像老头子的女孩"，简单解说便是指粗粗鲁鲁，说话口无遮拦的老婆娘。

叶山南口口声声以"老妈"自嘲，其实是作为老头女的一种解窘伎俩。据上野千鹤子的分析，部分老头女"进化"到一种程度，就会把价值观完全男性化，意思是把男性从自己的生活中抛出去，却凭实力把他们拥有的物质生活条件赚回来，从而威胁他们当家作主的传统地位。这其实正是女性主义者玛里琳·弗伦奇（Marilyn French）在《权力以外》（*Beyond Power*）中所描述的现代女性困局。她们只有三种选择：活于贫穷边缘、依靠不可依靠的男人或设法融入社会去活得像男人。最后一种选择，就是老头女"进化"后的悲哀——陷入男性以物质来攫夺权力的窠臼，因而也失去了自我。

　　叶山南这一角色虽仍未发展到这个地方，但她所面对的，正是要由花子族过渡到老头女（因为嫁不出去）。过了三十年既漂亮又风光的人生，突然要由零开始再掌握一技之长，在靓人靓衫的包装下，其实都只不过是人生"再培训计划"的俪人版而已。

1999 年

107

文化解毒：故事的另一面——30 代未婚男

　　如果桃子及小南的角色表现了在日本当都会女性的不易。那么我们不妨看看故事的另一面又在存在什么问题。我在《日本中毒》中曾介绍日本已进入"婚活时代"，即适婚男女都要积极参加为结婚而设的林林总总活动，才有机会成家立室，简言之就是日本已正式进入"结婚难年代"。最近有学者进一步就未婚男性作深入探究，发现"重灾区"在 31 代人身上——最新的统计数字显示，在 30 前半代的日本男性之中，每两人就有一人未婚；而在 30 后半代中，每四人就有一人未婚。正因为此，媒体上下大为紧张。

　　最近大久保幸夫、畑田圭子及大宫冬洋便合著了一本《30 代未婚男》（日本放送出版协会，2006 年 10 月初版），正面去响应以上的社会问题。他们列举了十大理由，解释日本 30 代未婚男为何会陷入当前的窘境。其中部分与日本公司文化的变迁息息相关，我认为可以从中窥察出都市文化不同范畴环环相扣的特性来。

　　过去日本公司一向采用终身雇用制，往往以家庭观念去处理人际关系；简言之，上司就是下属的家长，下属一旦到了适龄阶段还未成家立室，也代表了作为上司的管理无方，甚至会直接影响他的晋升。此所以上司对下属的婚姻问题一向极为紧张，对与异性交往不顺遂的员工，除了面授机宜外，更积极策划形形色色的相亲活动，务求尽快高效地解决下属的婚姻问题。

然而时至今日，日本公司的终身制已取消，即使身在管理阶层，也要时刻面对被裁员革职的压力，怎还会有闲情去理会下属的婚姻问题。何况现实的另一端是，30 代未婚男身为"飞特族"又或是"非正规社员"的比例，早已超过了公司员工总数的四分之一。既然他们不是公司的正式员工，公司更加不会为他们的婚姻状况而费心。所以《30 代未婚男》指出，今时今日日本公司相亲文化的消失，恰是 30 代未婚男数量直线上升的因素之一。

　　在岩泽美帆及三田房美所著《职员结婚的盛衰及未婚化的进展》中提到，1960 年代公司内通过相亲结婚的，2000 人中大约有 30 宗；到了 2000 年后，则锐降至 3 宗左右。然而公司内透过自由恋爱而结婚的，60 年代及 2000 年后，都停留在平均 1000 人内有 30 宗左右，没有明显的变化。由此可以推想，公司作为寻觅人生另一半的重要场所，在眼下的日本已起不了太大的作用。这正是日本 30 代未婚男数量飙升的主要因由之一。

2009 年

2.6

腐女子的恋爱观
——我的 801 女友

最近逛览内地博客，发现有些年轻人很喜欢借日本的主题命名来自称，最常见的就是"自诩"为宅男或腐女。这一点也不稀奇，正如先前在香港，我身边的媒体及写作界女性友人，往往把"落水狗"（负犬）或"干物女"等名片贴在脸上。

既然谈兴正盛，不如就乘势钻深一点吧。我曾在《腐女子的前世今生》（参见拙作《整形日本》，山东人民出版社，2008 年 1 月版）一文中指出"腐女子的广义是指女性御宅族，狭义上则指沉迷于男同性恋及性爱题材的小说和漫画的女性"。而在媒体上最具代表性的消费读本，应该就是小岛 Ajiko 的网上四格漫画《身旁的小 801》，作者其实是一名男子，他自言看到御薗桥 801 商店街的吉祥物"小 Yaoi"后，便觉得这头闪着刺眼光芒、一身绿色的小魔怪十分诡异，无论如何与吉祥物的造型相去甚远。

而"Yaoi"在次文化中，另一义是指描写男同志恋爱的作品，因此也会用来称呼对"Yaoi"有沉溺偏好的女子，于是成为腐女子的隐称。当作者见到这个吉祥物就联想到"这不就是我女友的真面相吗"？于是便开始以与腐女子女友（"小 801"是漫画中对女友的匿称）的恋爱生活为题，创作网上四格漫画，后来在日本出版后迅即销出超过 30 万册，中文繁体版亦由李弘宇翻译，2007 年 8 月在台湾的杰克魔豆文化出版，改名为《超萌系！我的 801 女友》。

对无形规范的柔性反抗宣言

与此同时，日本的波丽佳音唱片公司（Pony Canyon）也反应敏捷，立即找到寺内康太郎为导演，把《身旁的小 801》（2007）搬上银幕，由新人演员濑户康史及宏泽草分饰原著中的一对宅男腐女恋人。原著中的不少场面都颇能表现腐女子的生活面貌，例如一般人常有错觉，以为腐女子多是超级肥胖又或是言谈粗鲁的奇异女性，其实她们的外貌装扮与一般的日本年轻女性差异不大——漫画就描绘了 801 对每天都要化妆打扮而感到烦心，不禁慨叹"真想成为二次元人物"。

所谓二次元人物，就是指由纸张及墨水等构成
的世界中的人物。从另一个角度来看，那其实就是
对日本社会置于女性身上种种无形规范的柔性反抗
宣言。

一般人时常对腐女子的恋情生活有误解，以为
与宅男走在一起，是腐女子的唯一出路。《身旁的
小 801》当然是宅男腐女组合的一个例子，但这不
具代表性。据目前最权威的腐女子研究读本《御宅
族女子研究——腐女子思想大系》（东京株式会社
原书房，2006 年）所云，作者杉浦由美子认为腐
女子与一般日本女性在择偶条件上，最明显的不同
就是抗拒传统 OL 以物质主义为上（可参考拙作《日
本中毒》内关于"婚活"的文章），她们对一些身
高要让同侪羡慕，又或是拥有高学历在一流企业中
工作等等世俗择偶条件，可说一概不上心。那么最
重要的又是什么？杉浦由美子指出就是另一半可以
让自己撒野地去追逐自己的兴趣爱好，简言之就是
即使不明白自己的腐女子趣味，但仍可自由地容忍
及放手去接受一切。所以对腐女子来说，最美满的
伴侣就是温柔地尊重自由展现自我个性的男子。

腐女子看重自由

这一点在小岛 Ajiko 的漫画中，其实不难找到对应。如有一回，提及男主角与小 801 一起逛街，当在名古屋街道上看到 Mandarake（日本著名的连锁二手书店，售卖各种与 Otaku 相关的物品）时，大家登时两眼发光，但 801 的实时反应为彼此的约会就到门口为止，入店之后就要各自行动了！可见对腐女子来说，自由非常重要。

此外，在另一回略带色情意味的篇章中，801 问男友阅毕男同性恋同人志后的观感，男友狡黠地回应觉得大家都忘了屁股那里的洞是用来排泄的，暗中讽刺肛交的场面很过分，但 801 更聪明地作答："不过，没有忘记这一点不是更刺激吗？"并立即表示愿意为男友介绍内容更大胆的同类型作品，最后以男友登时皱起眉头作结。

小岛 Ajiko 暗渡陈仓地指出，能理解腐女子的精神世界固然好，不过即使口味上有一定距离，也无碍一双情侣的相处，最重要是接受腐女子异乎常人的趣味趋向，那大概就是不亢不卑的相处之道了。从另一个角度说，由于腐女子在日常生活中经常要用保护色来掩饰自己的真正趣味，所以对另一半更看重自由，不如此也肯定配合不来。

2008 年

114

在网上搜索荒木经惟的资料，在 http://
www.artist-info.com/cgi-bin 发现了他的介绍。
在网页的开首，有一幅荒木经惟的作品，名为
"Sky of New York"（1988），这张黑白相
片拍的其实是日本 Tokyu Hands 的景象。这种
相片与题目错置的小把戏，只不过是荒木经惟
万千伎俩中的小法术之一。把真假观念玩弄透
彻的，自然首推《戏剧摄影与假报道》（Dramatic
Shooting and Fake Reportage，见《荒木经惟写
真全集》之十二）。一系列由 1976 年开始的摄
影实验，早已逐步计划破坏真假观念的明晰界
定，目的除了带出肆意的快感，更重要的是打
破传统的一言堂，为往后的各色游戏奠定多角
度的存在基础。

"私的欲望" VS "公的艺术"
——荒木经惟的公私混同

2.7

欲望与艺术的纠缠

借用日本书志学者林望（Hayashi Nozomu）的说法，"私的欲望"与"公的艺术"的纠缠正好是荒木经惟摄影风格的核心概念。《戏剧摄影与假报道》中的世界，正好点明外在世界所谓的"客观性"，其实全敌不过人为的修饰及支配；换句话说，所谓报道也仅是主观操弄的玩意把戏。

要进一步探索"私的欲望"与"公的艺术"的关系，自然不可不提荒木经惟的《阳子》（Yoko，《荒木经惟写真全集》之三）。有资料也提到1990年阳子死后，荒木经惟一直在思索摄影与死亡的关系。"自阳子死后，我只想拍摄生命。每当我按下快门，我便感到接近死亡。因为一旦拍下去，你便把时间停下来。所以我想告诉你一件事：听清楚，摄影是谋杀"。

公与私畛域难分

或许荒木经惟对阳子相片的处理方法，可以从罗兰·巴特《明室》（Camera Lucida）的话题谈起。在《明室》的第二章中，罗兰·巴特劈头便由关于母亲的一张"冬园相片"展开话题，他没有把被认为最具本质精华的"冬园相片"展示出来，因为相片的重要性，仅对自己存在，而对旁人来说只不过是一张无关重要的相片。背后自然有罗兰·巴特刻意重画公众与私人之间时域的用心：要表白心灵，却不公开私隐。

很明显荒木经惟选择公开而非收藏的方式来对待阳子的相片，某种程度

而言，因为人已离世，自然也产生了一种时间的力量；同时也呼应了苏珊·桑塔格（Susan Sontag）所云：摄影积极推动怀旧之情（actively promoting nostalgia）。但更重要的是，荒木经惟显然认为公众与私人的畛域殊甚难分（从创作的本体出发，任何自传成分都不过与其他材料同样重要或不重要），如何阅读才是切入作品的关键点，而"荒木经惟 on photography"的影展，正好是读者期待的基点。如果不嫌过分简化，笔者打算用"介入的美学"来描述荒木经惟的摄影美学观念。

介入的情色　色情的介入

只要与另一日本摄影大师筱山纪信的作品相对照，便可见两者存在介入与抽离两种基本差异。筱山纪信在近年作品如《少女革命》及 Hair 中，均保持一贯的静观远视角度，即使在阴毛的写真集中，仍不脱色情素材"非性化"（Desexualize）的倾向。同样爱处理色情素材的荒木经惟，则刻意将自身介入作品中，甚至如 Yasumi Akihito 在《男与女之间的摄影师》（*The Photographer between a Man and a Woman*）中所言，很多时间他会进入相框内成为被摄的对象，当中往往包含着一种狂欢嘉年华的气氛。

于是荒木经惟有色情味道的作品，除了如 *Photo Age* 主编 Suei Akira 在"The Lucky Hole as the Black Hole"中展示的一种纪录效果外，更重要的是以自身的介入，利用行动来打破冷媒介的凝视距离感，把相片图像"活性化"。而且正如荒木经惟在网上所言"我对准的是女性的心灵"。他以地震仪来比喻相机，说明镜头前后彼此的互动震荡。换句话说，荒木以及助手的"投入"，其实是解放心灵的一种手法，利用"同理心"，与被摄者取得立场的一致，而且通过大家共同的沉溺，去捕捉及领略当中的神髓——正如一个大众文化分析者，必先一头栽进分析对象的汪洋中，而且要衷心享受其中的一切。

"性戏"的重要地位

而且这种场上游戏的风格，也是日本娼妓界的传统习尚。伊恩·布鲁玛（Ian Buruma）在《镜像下的日本人》（*Behind the Mask: on Sexual Demons, Sacred Mothers, Transvestites, Gangsters and other Japanese Cultural Heroes*）中早已提到，娼妓界有一个规矩不可侵犯，而且多少与平安时期的宫廷制度相似——游戏只能是游戏，不能摘淫乐园的禁果。这个禁果是爱情，而不是性本身。早于江户时代开始，嫖客与妓女之间的关系已常强调是在"游戏"

上，仿佛性交易的"戏肉"是在"游戏"而非"性本身"这回事。这也解释了为何日本的性玩意花样层出不穷，教人目不暇给，由角色扮演（学生到女护士），到出售女性秽物，可见"性戏"在日本人心中的重要地位。

荒木经惟的作品，正好是一种"性戏"表演。无论是《裸景》（*Bodyscapes*）又或是《少女性》（*Chrysalis*）中的装置表演，又或是自身介入的杯盘狼藉，他发扬的都是风月界的游戏传统，通过身体的释放来让心灵松绑，从中建立起自己别树一帜的风格。

1999 年

文化解毒：《写真的话》

喜欢日本摄影师的朋友，不可能没有听过荒木经惟这个名字。他的写真一向以情色见称，但当中除了直视裸形的快感，往往又离奇地渗透出一种温柔的亲切感，令追捧他的人一直爱不释手。

最近他的回顾式自省作《写真的话》，在台湾也推出了繁体中文版（彭盈真译，台湾木马文化，2009 年 2 月初版）。和其他艺术家相比，你可以看到他处处仍然率性而为，对于他人的目光，往往不在考虑之列。例如有人访问他

如何受意大利新写实主义电影的启发，他回答很久之前因看过罗西里尼导演的《不设防城市》而有所感触，今次在书中则径言直指自己没有看过电影，不过因看过剧照而捕捉到灵感罢了。荒木不仅不在意自己前言不对后语，更为甚者是蔑视现实中的一切禁忌。

他直言真正开始学懂如何拍照，乃在于老爸过世之时。老爸很爱摄影，也一直鼓励荒木朝此方向发展，结果报答老爸之法，竟然就是在他去世后，为他作遗体细致写真纪录。但荒木构思出来的并非裸形的真实呈现，而是把父亲的浴衣袖子卷起来，将双手上的刺青一并捕捉下来——那刺青原来是老爸年轻时一心想加入黑社会的标志，可是刺在手臂上已奇痛难耐，结果便放弃了原本计划在背部的刺青，而加入黑社会一事也自然不了了之。那正是荒木表达父爱的一种方法。用"介入的摄影美学"来形容他的风格，我认为可说是一矢中的。

2009 年

漫话常情，漫画荒诞

PART 3

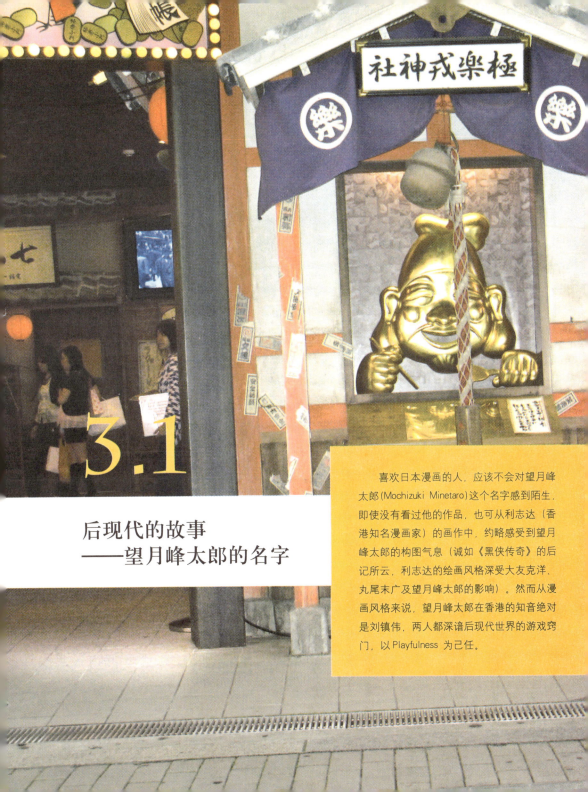

3.1

后现代的故事
——望月峰太郎的名字

　　喜欢日本漫画的人，应该不会对望月峰太郎 (Mochizuki Minetaro) 这个名字感到陌生，即使没有看过他的作品，也可从利志达（香港知名漫画家）的画作中，约略感受到望月峰太郎的构图气息（诚如《黑侠传奇》的后记所云，利志达的绘画风格深受大友克洋、丸尾末广及望月峰太郎的影响）。然而从漫画风格来说，望月峰太郎在香港的知音绝对是刘镇伟，两人都深谙后现代世界的游戏窍门，以 Playfulness 为己任。

望月峰太郎劈头就表明游戏是从二手世界开始，说得耸人听闻一点，他一启动就进入了超文本的语境，对不同类型的种种前置观念看法，已自动输入创作文本中做基本假设，而透过千变万化的挪移、解拆、戏谑乃至重构，作为构思本体的创作就已充分满足了个人的快感。当然也巩固确立了后现代创作人的自我圆足位置——新鲜意念永不缺乏（二手文本满溢四处）。第一手经验再非先验地占据主动位置：空有不二，既虚无又充实，真正达到了逍遥境界。

推翻习尚规条

最近出版的望月峰太郎中译作品，正好显示出他能高度掌握不同类型的成规，且进一步自我发挥。《座敷女》把恐怖类型反转再反转，《鲨鱼皮与蜜桃儿》更将黑帮大佬与性感美女的俗套故事重塑新貌，《笨金鱼》则是青春漫画的异色处理。三者全都看得我血脉喷张，不亦乐乎。

望月峰太郎的惯技是把某类型中的习尚规条一次又一次地推翻：每当布下局来让读者以为可以理解了，又立即再加以否定。《座敷女》中的阿弘与佐竹以为长发女是小学同学田尻早苗后，读者以为之前发生的一切怪异事情都可以得到解释；但转瞬间又发现长发女另有其人。甚至到最后当大家都认为是凶灵缠身的故事时，作者又故意留下一条尾巴，让读者猜测一切会否只是琉美与同学胡绉出来的恐怖奇谈。重要的是，这种不断逆转乃至最后釜底抽薪的变调，其实与一直发展的故事节奏及氛围并无矛盾冲突。换句话说，最后是一个怎样的故事已并不重要，重要的是说故事的方法及过程。正如望月峰太郎爱用的平行剪接并置手法，故事不同部分可以同时相互解拆，也可以并生。仅仅一个文本，就令我享受到多重阅读空间所带来的宽敞快意。

《鲨鱼皮与蜜桃儿》的情况也相若，笨女变为性感美女、情场浪子心有所归、好友守诺不出卖朋友，黑帮漫画的若干元素都得到保留。连场的追逐大战，乃至两场精心经营的三角枪战对峙场面（先有鲨鱼皮、蜜桃与变态叔叔的困兽斗，后有鲨鱼皮、蜜桃与田拔的死战），固然深具由林岭东发韧而来的经典色彩（从林岭东到昆汀·塔伦天奴的《落水狗》到石井隆的《五个人》）。但最后的逆转，山庄里的飞车驱驰，正好把后半部的一切经营"想象化"了；里面不断出现的变态场面（叔叔剪碎底裤吃掉）又或是暴力镜头（挖眼、爆头乃至狗咬人头等），恰巧成为脑中的幻想产物。与此同时，更进一步地讽刺了我们既定的二手文本世界，其实早已制约了思维的可能性。在自我嘲讽的时候，也满足了创作的纵驰快感。

玩转后现代世界

"Playfulness"就是"玩得起"。在后现代的世界中，没有任何禁忌，只在乎如何摆弄布置，没有原创的文本反而更加拓阔了创作的天空。这才是在后现代最积极的创作动力。

《笨金鱼》（1986）是望月峰太郎早期的作品，后来被《爱我，请告诉我》的导演松冈锭司拍成电影，名字同样为《笨金鱼》（1988）。《笨金鱼》其实是松冈锭司的剧情长片处女作（《爱我，请告诉我》反而是第二部作品），漫画原著中的异色氛围深深吸引着导演。

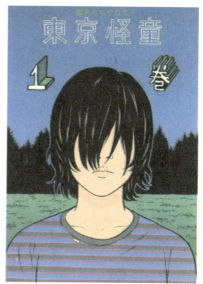

《笨金鱼》不断借角色的对白表现次文本的存在；在第一集中花井与苑子不仅讨论到《爱与诚》的人物，而且还经常道白生活的片段何时与电视剧相似，望月峰太郎看作重心的，是不同文本对青春这个日本人热爱的题材所作的众声喧哗式的共震奏鸣。种种驳杂的文本（由花井高喊"我认为人应该充实年轻时代的生活"，到每一次比赛他都出旁门左道求取胜利），共同组合出主角花井的面貌——他恰是一个充满矛盾的青春个体，二手经验与现实生活纠缠不清，因此成为爆笑的活力人物（大抵再也不能用传统所谓的圆形人物去形容他）。

二手文本世界有情有义

更令我衷心佩服的是，望月峰太郎总在不经意间流露出他对二手文本的真感情。花井对苑子说："我相信苑子的谎话，因为这样你会很开心，所以我相信。"完全隐喻出在二手文本世界中存活的有情有义关系，因为大家尊重契约，游戏才可以既娱己又娱人地继续玩下去。

《鲨鱼皮与蜜桃儿》中的鲨皮大声疾呼："想花钱需要理由吗？"这样就干净利落地把黑帮作品过往的终极动力一下子完全解构了。过去黑帮类型作品的结构轴心，必然围绕着复仇、情仇乃至武力逞雄之类的关系，而这些也是故事进展的原动力。鲨鱼皮不为什么就拿走组织的钱，大吃大喝无聊地花掉，破坏了类型的中心后，一切竟然仍能合理化铺陈，这其实也幽了结构主义一默。

望月峰太郎的作品，绝对是这个时空下的特定产物。它必须出现于类型文本已完满发展（甚至已走进了死胡同），且创作人又达致跨媒介超文本时，才可以驾御一切。在这重意义上，我反而觉得出色的后现代创作人，有点像文艺复兴时期的知识分子，上天入地无所不能，而望月峰太郎在我心中显然是其中一个。

1999 年

129

爱在惶恐惊栗间——逢魔物语

要说日本漫画界中的老大哥，不能不算楳图一雄及水木茂。前者因为名作《飘流教室》而广为人认识；后者作品中的妖兽多来自民间传说，不过由于缺乏译本供读者了解，这里姑且暂时从缺。

3.2

日本的"恐怖"概念原型

日本一位美术评论家椹木野衣，曾经评论楳图作品的重要性，说它甚至是日本整代人对"恐怖"理解的概念原型。椹木忆述父母曾把所有楳图作品有恐怖场面的书页用订书机钉上，禁止小孩偷看。但椹木仍然受不住诱惑偷看了，且内里的妖怪形象常在眼前飘浮，连晚上去洗手间亦会担心楳图笔下的妖怪会否出现。

楳图最初作品的妖怪形象多来自民间故事及历史传说，但他的妖怪造型常以动物及昆虫为蓝本，如他本人极讨厌的蛇和熊，在作品中亦常常成为吓人的东西，《飘流教室》中的怪虫正是这方面的好例子。之后他逐渐往人身上去想，令怪物的造型回到人体上。这其实和创作的整体思考观念转变有关，在他目前的长篇力作《十四岁》里，妖怪便是一个鸡头人身的"怪物"。妖怪形象来源于人类的想法，恰是对现代科技高度发展后生物产生变异的响应。在《十四岁》里，楳图更大胆地提出一种进化的新可能，即人类会由成年人复归孩童，他的观点来源是从地球以往的历史看，大型的生物逐渐被淘汰进而绝迹。

人类才是最恐怖的妖怪

同时从中生出的另一个新观念——人类本身才是最恐怖的妖怪。这一点在《飘流教室》中其实已有伏线：送面包的关谷成为杀人妖魔，老师变得疯癫，仲田更因恐惧而幻想出怪虫来害人，凡此种种皆说明了人类的妖魅力量较一般的有形妖怪更为恐怖。而当时唯一不同的只不过是，楳图仍未为他们构思新的妖怪造型，直到后来考虑到科技污染有造成异化的可能，才开出另一条新路。

当然，楳图只代表了一条主流发展道路，另外还有很多不同漫画家形形色色的尝试。大友克洋就找到轻松却发人深省的另一发展之路，在他笔下，妖怪是人们意想不到的灵魂，并以人的形象出现。大友克洋 *Short Peace* 中的《宇宙怪谈》，已经有各种外星人以剥除人类外壳而相互取笑的笑话；代表作《童梦》则加深了沉重感，连同以后的《阿基拉》同以具超能力的人作为异端榜样。

人魔平等论

他的伙伴之一令敏保持了大友克洋的风格，《恐怖桃园》就是拿鬼魂拿来开玩笑。妖怪在他们这一代漫画家笔下，已变得很平常，仿如和其他人物角色同处一个位置，而没有任何超越性；和以前的妖怪着重吓人的作用相异，他们更看重的俨然是妖怪的破坏力（其中甚至有一种美感）以及生活上的一种幽默感。

利用妖怪作为恐怖漫画的唬人手段，当然不

会后无来者。最近见于香港市面的犬木加奈子及御茶渍海苔的作品，均可纳入这一类。犬木加奈子的恐怖漫画（《夜半迷宫》），正反映出楳图恐怖风余绪的厉害。犬木加奈子最爱用的大眼造型以及玩偶身躯等，均出自楳图作品。至于御茶渍海苔的长处，是能把妖兽带回现代社会的生活情境。和其他人不同，他不以人作妖怪对象，而是保留以往的传统妖怪特色，但它们的外形则全是来自日常实物。所以在他的妖怪族谱里，有夺命电视机、有惹人食欲的蛋形服务生、有挖人眼的妖怪万花筒、有猪怪巴马、有烟仔怪及侦探怪等等，它们在现实生活中继续发挥其惊吓力。

民间传说新演义

仍然醉心利用民间传说的，亦非完全失踪无迹，另类情欲怪异漫画家丸尾末广的近作《犬神博士》就回归了这个传统。他利用九州岛一带的民间传说，把用来向仇家报复的犬神传说变成自己的题材，可说是近来较具古风的妖怪漫画。

其实无论向现代或古代取材，漫画家笔下的妖怪形象有一个共同点，乃是有日趋复杂之势。情形就好像《蝙蝠侠》及《超人》的故事编排，只会日趋复杂，要不断增加内心变化来满足现代读者的要求。事实证明，即使以楳图一雄这位大师为例，他亦不是每一本作品均为人传诵，被誉为"经典"的《飘流教室》确实是有其出群之处，才可经得起时间的考验。唯一可以确定的是，作为读者，以后再"逢"的"魔"只会更加震撼及多面化。

1999 年

3.3

色魔幻幽默
—迷失在大友克洋的高速公路

现在说大友克洋（Otomo Katsuhiro），无可否认有"明日黄花"之意，而且他已俨然有向电影导演方面发展的倾向。他的第一作《阿基拉》（AKIRA）便改编自自己的超畅销名作，把故事发生地设在 2019 年遭新型炸弹破坏后的东京。然而他于 1991 年拍成的第二作 World Apartment Horror 是一个描述现代日本的故事，叙述一些来日本工作的外国人的生活。当然我们可以把它看成为大友克洋 1981 年作品《再见日本》的易写，因为《再见日本》讲述的是日本人到美国流浪时的无根状态。

事实上，在漫画界或其他各艺术领域成名后进入电影圈当导演的风气在日本甚为流行，如漫画界的石井隆、小说家则有村上龙及椎名诚等，同时亦由此反证出他们原先的作品和电影元素（由时空组织、叙述方法到分镜表达等）有着不可分割的关系。

成人与小孩的时间流程

《阿基拉》后来正式由台湾东立出版繁体中文版，改掉了以前彩色剧场版开本过小的缺点。然而事实上大友克洋的才华绝不止此，他在长短篇上均勇于做变化尝试，甚至可以说他每一部作品，均在承继及创新两方面角力周旋。短篇集 Short Peace（1979）、Highway Star（1979）及长短篇合集《再见日本》（1981），其中人物及故事都在不断更新，至《已是战争的气氛》（1982）及《童梦》（1983）已分别朝战争话题及科幻题材作深入扩展，最终《阿基拉》（1984）把他推上备受世人瞩目的位置（以上所列的年份均以单行本初版为据）。

其实大友克洋的某些短篇，已经在技法上及内容题材上做了很多探索，而它们都成为日后长篇故事依据发展的蓝本。《酒井血统的 YUKIE》（收在 Highway Star 中）以电视节目 PINPONPAN 为揶揄出发点，把电视节目中一本正经的女主角名字借来移用到深谙世故的漫画女孩身上。在故事中出现的孩童和电视节目中的品行端正大异其趣，反而是饱历风霜，对成年人担心痴汉诱拐也绝不放在眼中。她们皆我行我素，作者在这里表现出成年人与小孩相异的时间流程，而且更进一步展现出传媒中成人所建构的虚假形象和真实世界的距离。而最重要的是，大友克洋在超越了现象后，肯定了孩童有一种不可思议的可能性，这个概念成为他日后创作的一个重要基准。《童梦》及《阿基拉》的世界亦可说就是由孩童日常性的智慧，慢慢再导入的超能力世界。

而且大友克洋是一个对身边周围发生的事情极为敏感的人，刚才提过的作品乃从电视节目中得到的灵感。《犯罪》（收在 *Short Peace* 中）的灵感来自一宗社会罪案，当时日本漫画界对性犯罪的题材甚感兴趣。石井陆就是一个明显的例子，但大友的不同之处在于他不对男女双方的精神领域进行探索，他仅呈现表层的那种轻化且微妙的状态，自然呈现出那男子变态及早泄的丑态。

同时代的"轻"

川本三郎（Kawamoto Saburo）是日本一位著名的评论家，他的《大友克洋为我们的同时代人》一文（收在 *Highway Star* 中）提到大友克洋的特色在于一种均质化的"轻"。对大友克洋来说，所谓"青年绝望"、"现代青年的虚无"、"我们时代的柔弱感性"等说法一概不合用。无论大友克洋画孩童也好，年轻人也好抑或老人家，透过那淡淡白质的画风，所呈现的正好是一个表层的世界面貌。所以川本三郎认为大友克洋对孩童及老年角色的处理甚为出色，就在于这种均质性，而老人及孩童的身份也因而容易转换。

我想大友克洋对川本三郎的说法亦颇有微词，于是在以后的创作中努力向深度推展。其实在《再见日本》的后记中，他已经为自己的画作以白色为中心的画风提出种种理由，只不过他未曾坦述出来罢了。大友克洋在建立自己风格的同时，一点也没有忽略自己作品的娱乐性，*Highway Star*（收在同名的书中）

可说是其中的表表者。故事讲述一个去远足的离家少女，在公路上遇到一个奇怪的男人。整个构图传达出来的那种空旷、道路的雪白及空气的干燥感，完全不像是日本的环境，看起来俨然如山姆·佩金法（Sam Peckinpah），又或是罗伯特·奥特曼（Robert Altman）的镜头，整个日本郊外成为美国的移花接木版。

漫画超越国界

曾经有人拿《阿基拉》给手冢治虫看，并说大友克洋作品中的主人公一点也不像日本人。手冢治虫的看法是这个并非问题所在，重要的是去掌握如磨利

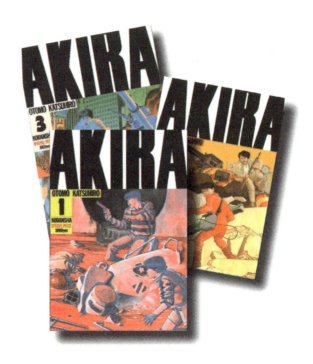

了的剃刀的触觉笔法，要好好运用（见手冢治虫《剃刀感觉》）。事实上渴望漫画超越国界，正是手冢本人致力的方向。

Highway Star 那个男人却俨然有种《迷幻骑士》（*Easy Rider*）的气韵，这不是指药物方面（其实大友克洋在《大麻境》中，也有开寻大麻的一个玩笑），而是一种不安于位的性质。那男子用的破烂车子（上面刻着"Fireball"字样）恰是埼玉县警方的车子，他用这辆车在公路上和其他人赛车赢钱，后来女孩和他分手后，辗转间在公路上又遇上一交通警察，原来还是他。那份痛快之感瞬即满溢画面。

《梦的苍穹》（收在 *Short Peace* 中）可说是大友克洋作品战争系列的一个起点，讲述的是一个战争中的残兵和一个在床上睡觉的白领交织的故事，或者说前者是后者的梦境。现实及梦境交错的逼迫力甚强，恍如在看一场精彩的战争片，有极强的临场感，直到最后士兵说"死了，死了"，以及上班的白领说，"如果明天早上起不来，上班会迟到"，才确认了两人身份，由此把对两个世界的并时疏离表达出来。

老人与孩童世界的探索

大友克洋最吸引我的作品为 1983 年的《童梦》，《童梦》于 1984 年获得日本的科幻大奖。故事以一高层大厦为舞台，以 25 个人陆续离奇死亡揭开序幕，据说是由于东京都板桥区高岛平一带自杀率甚多而触发的灵感。警察山川接手调查后，逐渐过滤大厦内的可疑人物，如曾流产怪胎儿子的手冢太太、酗酒的吉川及孤独的单身老人 CHO，后来终于发现 CHO 具有超能力，但为时已晚，山川亦被他送上天台坠楼而死。

碰巧当 CHO 再一次想令一孩子坠楼时，被刚搬来的悦子留意到，小女孩悦子原来也有超能力，她立即成为 CHO 的最大劲敌。二人产生一系列矛盾后，悦子怒不可遏，终于和 CHO 进行大决战，一座大厦被她和 CHO 的超能力破坏得四分五裂，甚至任何阻路的无辜者都成为牺牲的对象。最后悦子听从母亲的呼唤而回到现实世界，被带回京都一段时间后，悦子终于再度回来，并利用感觉召集其他孩子，用目光将 CHO 置于死地。

异类才是真实

《童梦》可说是大友克洋把一贯对老人及孩童世界的刻画探索，做了阶段性的总结，和《童梦》关系最直接的前作应该是《明天的约会》（收在 *Highway Star*）中。《明天的约会》里的侦探造型，正是《童梦》中的冈村及高山两警官，而且《明天的约会》肯定了孩童和老人家为同一组人，并且一起对抗成人世界的规范。在《明天的约会》中，他们联合谋杀了自私贪婪的孩子父母亲，而《童梦》基本上仍沿用这种二分法：孩童及老人的世界为一组，另外的才是现实的平凡世界。只不过他这次更深入地去发掘了孩童与老人之间的对抗状态而已。

然而我想说，这种对抗状态只是一表象，CHO 和悦子本质上同样属于"异类"。CHO 杀了二十多人，但破坏整幢大厦，甚至把来救她的消防员烧掉，说明悦子在失去精神控制时，本质上和杀人怪物无异。唯一可令她悬崖勒马的是母亲于她背后的呼唤。

事实上，我们看到大友克洋在《童梦》中时常强调孩童及老人 CHO 各自所属的世界或领域。但他们的超能力只能够在大厦及附近的地方使用，这便成为一切故事发生的原始基点。如果再细心一看，可发现大友克洋甚少刻画住宅区附近的环境（只不过在高山带灵媒师往那大厦时才有一点描写），亦甚少有对大厦外部的描写。更重要的是，大厦中的人物都像隐形一样，很多受害者的家属也一概不存，甚至如悦子的父亲，亦只在搬家时偶尔露一露面。

很明显大友克洋以此来取代成年人所谓的日常世界。大友克洋一向喜欢异端的角色：人妖、乞丐和吸毒者屡次在他的作品中出现。选择这些异类人物，我想是他企图脱离现实生活环境的一种想法；甚至可以说，对他来说这个世界还来得较为真实。所以在他的画作中，没有英俊或美丽的男男女女，而且他似乎企图要尽量把角色画得丑陋一些，来推翻一般人不切实际的美梦。

同一族群的剥削与支配

所以在《童梦》中，我们可以看到老人及孩童有各自的领域。对 CHO 来说，大厦就是他的地盘，任何企图介入做调查的举动便是入侵了他的地方，只有死路一条（在天台上悦子追上来讨公道，CHO 的回答亦是："你为什么来？直到现在我一直自己在玩……"）。反过来悦子所代表的孩童亦有自己的生活空间，悦子之所以能用上超能力，在于同伴（或说自己族类）受到了伤害。从这个意义上讲，它突显了一个问题：就是各年龄的族群其实皆有自己的法则空间，只不过现在一概由成年人的思想做主导，由他们代"法"行事——于是他们维持法纪的行动便成为侵入别人空间的行为了，到头来当利益出现冲突时，便只能以权力对抗来决定下场。

而悦子之破坏整幢大厦，除显示了孩童潜在的巨力之外，更重要的暗示了她可以破坏掉整个文明世界的设计系统，而成为另一套系统的支配者。这里涉及一个有趣的命题：我们除了常挂在口边的人类对其他生物、环境、又或是内部的种族及宗教等歧视、支配和斗争外——即使同一族群，难道就不存在剥削及权力支配的关系吗？

1999 年

3.4

荒芜了的身体废墟
——丸尾末广的恶心世界

　　在猛烈的日本漫画风潮中，最主要的是一些较为老少咸宜及话题性的作品。然而有趣的是，其实所谓的"吸纳"从来没有止息，只不过现在以正式中文版权面世，而以前则以盗版为主。如日本的另类漫画——丸尾末广（Maruo Suehiro）集色情及变态为图鉴大全的异色作品，亦早于80年代在香港的小黑圈子中颇为流传。

丸尾末广 1956 年 1 月 28 日生于长崎县的岛原市。中学毕业后，15 岁便到东京生活，换了几次工作后，在 1980 年终于以《锻带骑士》显现出漫画家的身份来。现在他除了作画及绘插图外，同时还在"东京伟大木偶戏团"做演员。他曾说自己的兴趣是晚上在墓地中散步，著有《蔷薇色的怪物》、《梦的 Q-Saku》、*DDT*、《少女唾沫》及《臆想狂明星》等等。

异色和社会的冲突抗衡

大概很多人都看不下去他的漫画，变态、暴力、同性及异性的种种变异性关系、性虐待、恋童……实在难以尽录。看他的漫画往往教人想起日本异色怪杰寺山修司，在多重规范及制度的约束下，作为读者的我们，可以看到异己和社会的冲突抗衡，同时感受到他对政治甚至一切权力游戏的彻底不信任。只不过丸尾末广选择以性及暴力来揭开日本社会和谐安定的虚假表象，最后更直指人心，撕破所有的面具，把人的兽性全裸式地呈现到令人恶心的地步。

在《电气蚁》中，失学浮浪的少年成为危险新人类的写照，他与室内的电器如电视机、录音机等纠缠一起，穿梭于不同的时空，最后终于变成和电器一样的族类，心脏发出金属的声音。《日本人的惑星》则更进一步，展现出他对历史的完全不信任。丸尾末广把整个二次大战的结局推翻，他讲日本于 8 月 9 日在旧金山投下原子弹，洛杉矶亦成为废墟，而美国终于在 8 月 15 日向日本宣布无条件投降。而历史不过重复一遍，日本人强奸美国妇女、杀害孩童、捉斩对方元帅——到头来在谎话的连番重构及饰说时，将整场历史进程的非人化（历史不因任何个人意愿而变化）勾勒出来。

最终丸尾末广还煞有介事地宣称："各位不知晓战争实况的朋友，千万不要为人欺骗，日本不是战败国，日本是现今世界上最强的国家。"这种书面的变异改写，表现的不过是历史论述的荒谬以及集体意志的恐怖性。

从最恶心的地方出发

丸尾末广少年时代时曾吃过自己的粪便，那种味道与其说是恶臭，倒不如说是苦涩。他还挑战读者，说如有人不相信可以自己试试看。他就是从最恶心的地方出发，去找寻诡奇魅幻而又充满吸引力的意象。在《大便汤的造法》一回中，两名少男及一名少女侧身于木头车中交媾狂欢取乐，而车正从悬崖俯冲入海里，他写了一首令我印象深刻的短诗："当看见令我挤起眼上来的太阳／看见太阳阳儿的我／把头一晃／太阳的阳儿亦随之摇荡／这就是风的成因。"这就是丸尾末广，在我们想象力以外的一位另类漫画家。一个变异的世界且充满激情和愤怒，而性则是他选择作为刻画这个世界的最实在的方法。

1999 年

文化解毒：访问丸尾末广

以下所录的丸尾末广访问，综合辑译自 *Garo* 漫画杂志 1993 年 5 月号。*Garo* 是日本专门出版奇异漫画的青林堂出版之漫画月刊，是日本另类漫画的大本营。1993 年 5 月号是"丸尾末广特辑"，采访工作由编辑部担当。为节省篇幅，我把提问及内容加以撮写省略，仅将丸尾末广的回答分段辑录下来。

破落的童年光景

——我的家极度贫穷，现在回想起，小学一至六年级穿的是同一件毛衣。看相片时，才发觉已经破烂不堪，想来一定是刚入学就买下来的。

——家中有七兄弟姊妹，自己排行最小。和姊姊一起外出时，常感到自己是她的儿子。

——在家时常闭口不言，自己说不上讨厌双亲，但硬是不愿相认，总觉得这样的人怎会是自己的双亲呢？实在有点羞耻，我想他们亦必然觉得我奇特怪异，不知道应怎样与我沟通。我从来没有和父亲吵架，事实上连值得一吵的事情也没有。从自己出生到父亲死去，我想两人的谈话不过五分钟，父母一定很讨厌我。

——父亲在吃饭时不喜欢有人说话，所有兄弟姊妹全都闭口不言，一吃罢便作鸟兽散，难吃的东西遂变得更加难吃。

——那时已时常画漫画，按照一些漫画杂志模拟起来，如《少年漫画志》及《花花公子》等。或许因为这样，留在家中反而较为安宁，一旦出外便成街童，永无宁日。

——念中学时有逃学休息的癖好，不常上学，记忆中曾经因为中午播放连续剧《冰点》，为了观看，于是便休学一星期，自己当然成了问题儿童。

——那时候非常固执，任何人的意见都不愿听从。连姊姊指导我做功课，自己做错了仍死硬坚持下去。最终因为无法忍受在家的气氛，才一个人去了东京碰碰运气。

当小偷度日

——去到东京后，曾经在印刷厂工作了短暂的时间，之后又因擅自旷工离开了，公司的人一定很高兴。

——那时候没有再找工作，什么都没有，钱也没有，终于开始了盗窃。初时不过偷书而已，例如我和筱原胜之先生一同在一间店里偷走了高畑华宵限量发行的画集，价值三万日元。筱原每天去书店，一点点把书移开，然后盗走，他在接受电视访问时仍津津乐道呢！

——家里也知道我当小偷，事实上我在家时也偷过父母的钱，因为他们没有给我零用钱。后来俨然成了习惯，看到店铺内的货物就产生想偷的冲动。后来有一次下手的时候给别人看见，那边竟然传来"不如一起干吧"的提议，这些只不过是 19 岁时的事情。

——20 岁左右时终于因在唱片铺盗窃而被捕，因为没有身份证，所以被拘留了两周。不过在拘留所的日子也蛮好过，略见沉闷而已。虽然可以看书，却总不成整天翻来覆去，幸好每天都有一次抽烟时间，可以一边听收音机的体操广播，一边偷闲抽一口。

漫画家的生涯

——24 岁时，终于以《锻带骑士》冒出头来，之后在《漫画 Carumen》及《漫画 Pirania》等杂志上写作。那时正值色情漫画杂志勃兴之期，平口广美及 Hisauchi 等漫画家恰在其峰，我出道时已开始褪淡了热潮。

——我的画作构图是左右抄袭而来的，很多人说我很接近高绌华宵的风格，最近我看华宵的作品，完全不喜欢，后来才学习他描写人物的模式。

——很多人常说我受某某的影响，其实并无关联，认真说来只有盗窃而已。除了盗窃以外，别无其他，只不过其他人不敢说出来。

——我是盗窃的集大成者！我是很认真作画的，但人不可能自然地就能画出好画来，必须研究磨炼。所以过程便是由埋首于某人画风中，到认识清楚后再转到其他人身上，到最后自己笔下的东西已有各种不同元素及画风揉合在内，搅作一团。

——我的作品有很多意念是左右抄袭而来的，如《日本人的惑星》灵感便是外国作家的科幻小说，《腐臭之夜》则来自江户乱步的《芋虫》。

——在作品中，我常有以舌头吮舐眼珠的场面，是故意为之。让某个场面不断重复出现也是一种计算，因为这样可以产生如注册商标般的效果。同时可以令人不断追问那是怎么一回事，有什么意义，实际上一无所有，不过是计算后的小玩意而已。

2007 年

丸尾末广单行本目录：
《蔷薇色的怪物》，青林堂，1982 年 7 月 25 日。
《梦的 Q-SAKU》，青林堂，1982 年 12 月 25 日。
DDT，青林堂，1983 年 11 月 25 日。
《少女唾沫》，青林堂，1984 年 9 月 25 日。
Kinrandonsu，青林堂，1985 年 9 月 1 日。
《丸尾末广．Only You》，东京成人俱乐部，1985 年 12 月 25 日。
《臆想狂明星》，河出书房，1986 年 1 月 31 日。
《丸尾地狱》（限定发行 1000 册），青林堂，1988 年 8 月。
《国立少年》，青林堂，1989 年 8 月 1 日。

3.5

太阳族的漫画族谱
——《爱与诚》的自我反省

《爱与诚》时至今日仍能紧扣读者的心弦，无可否认的是它对青春岁月的激情刻画始终教人津津乐道。虽然它亦涉及日本猖獗的金融财阀政治黑幕（座王及早乙女家族），但与后来崛起而出的"政治漫画"（如川口开治《沉默的舰队》及弘兼宪史的《加治隆介之议》等）仍有一大段深度及触觉上的距离。《爱与诚》的真正嫡亲应是"太阳族"小说及电影，如果大家不太善忘，《爱与诚》（电影版）也曾在香港上映，而且彻头彻尾是"太阳族"电影的末流样板……

电影《爱与诚》的导演是山根成之，由西城秀树饰演太贺诚，并起用新人且把艺名也改为与剧中角色相同的早乙女爱。电影的内容仅止于漫画第二集的初段，但已忙不迭地把爱与诚两人的真情相交"创作"出来。其中对率性的歌颂、暴力场面的经营以及用主观制造出的背景色调来强化人物心理冲突，均与"太阳族"电影基本元素吻合。可惜它的出现已远离"太阳族"当道的年代，于是教人有种后知后觉哑然失笑的滑稽感。

青年的反叛心理

"太阳族"一词，最早出现在《太阳的季节》一书中，小说刻画战后青年人的反叛心理及行为，获得社会的激烈反响，由是"太阳族"一词亦应运而生。同类作品后来不断地被搬上银幕。

小说将性与暴力作为宣泄手段，某程度上是对所谓的进步文化人做出的揶揄嘲弄，强调发散个人的青春激情比参与什么游行改革运动都有意义得多。可惜电影改编版往往仅着重对年轻人愤怒及焦躁的刻画，淡化略去一切具深度的质疑，成为徒具反叛姿态的作品。

佐藤忠男于《大岛渚的世界》（中译本名为《革命、情欲残酷物语》，台湾万象出版社）中已指出，大岛渚的《青春残酷物语》（1960）剥去了"太阳族"的虚假外壳，其"太阳族"主张的解放欲望，不过是富有一族在成为资本家之前的一个纵欲消愁的阶段。更可悲的是这类作品盲目歌颂以男性为主导的暴力美学，人性亦被扭曲致浅薄虚假，浪费了大好的青春成长主题。

女性成为强者

《爱与诚》对"太阳族"的元素可说是信手拈来加以并蓄发挥，尽管太贺诚和不同敌人的格斗场面不断出现并有精细刻画，内里其实他的真正对手自始至终并无变过，即来自早乙女爱的一份真情爱意。这里暗含了种种巧妙的反类型讽刺效果，"太阳族"电影一向空言追求爱情的自由，而将"力"的抒扬作为手段，往往就失去了对女性角色的尊重，反而成为陪衬品来催化男性美学；《爱与诚》则正好显示出女性爱情深邃的力量，终于"击败"了桀骜不羁的太贺诚，令他重新明白了人生的意义。换句话说，早乙女爱才是真正的强者，她对人性正面价值的追求，其实已接连"击败"了男性的权威形象（"肉体的强者"座王权太及"黑社会的强者"座王与平）。永安巧借"太阳族"的形象，进行了本质上的颠覆并画出一本充满诚敬及青春感的作品。

以死完成生命

而且在处理上，《爱与诚》同样在形式方面幽了"太阳族"一默。对太贺诚（以至其他众人）的肉体力量刻画越细致，早乙女爱的伎俩便越显得单调。在繁化与质朴的两端，可见《爱与诚》的作者对肉体及精神同样尊重。太贺诚不断以力量及机智度过难关，早乙女爱则用精神上的毅力去排除万难；但花样百出的肉体暴力美学，最终也无法逃避精神上的热诚呼唤，由是太贺诚被驯化成另外一人。

故事结束前，太贺诚被砂土谷刺了一刀后仍说："我……已经不是我了……"，"早些时候……我可以逞强，死也无所谓，但是现在怎可以死……是吗……爱！"其中，最大的吊诡是"太阳族"作品的吸引力在于率性而为对生命不看重所产生的放肆快意；而太贺诚在放肆一生后，通过接受早乙女爱的爱，才明白生命可恋的地方。所以《爱与诚》在题旨及形式上都对整个"太阳族"类型做了反省，并提出新的方向。

无端地涌来一点落寞，如《爱与诚》般勇于对真情挚意刻画的作品（是的，作者必然拥有一份诚挚的信任），大概不会在我们这个年代再度出现，谨此致哀。

1999 年

3.6

魔性大和魂
——《漂流教室》的恐惧源流

我相信《漂流教室》给日本人曾经带来的震撼，不在于告诫世人对未来要珍惜，而是唤起了埋藏于众人心底里不愿提起的恐怖往事。

《漂流教室》其实有电影版，由大林宣彦把楳图一雄的名作搬上银幕。但我想起电影版制作之粗糙以及对故事的错误诠释，而正反映出《漂流教室》的原著有颇为深刻的日本人视点在内。

日本人的视点

电影版把大学和小学变成一所国际学校，学生全操英语；高松与大友之间的冲突，亦改为日、美两个不同国籍少年的争拗。大林宣彦此举或许有其市场上的考虑，但到头来却使楳图一雄的原作韵味全失。表面上楳图一雄的关怀自然和后来出现的环保精神前后呼应，所以在《漂流教室》里对污染及其可能引起的生态环境破坏，做了深刻且具惊吓性的描写。然而这种恐惧及忧虑的情绪，作者基本上没有从理性方面加以思考解释。

蜘蛛与蛇的死穴

所以全书完结时，无论是处于未来世界的高松翔一伙人还是回到现实的阿由，均无具体交代如何可以生存又或是制止环境被污染下去；相反，他集中把这种情绪转化成制造恐怖场面的动力，本质上呼应了书中刻画的仲田因恐惧而产生的"想象创造"效应。

仲田的环节是《漂流教室》（见第四集）的一个重要高潮。仲田是五年级的学生，不断地疯狂寻找食物却永远填不饱肚子；后来大家才知道他不断进食原来是把能量转化给以前自己笔下想象出来的怪物，所以怪物是在现实中出现的。

楳图一雄于访问中（《东 Touch》第 43 期，1995 年 4 月 5 日）提到，他相信自己的命运和自然破坏注定扯上关系；同时又将自己最害怕的生物造型

（蜘蛛和蛇）融入作品中，令自己更加害怕（两种生物原型衍生出的怪物，在《漂流教室》中均可找到）。楳图于此正好和作品中的仲田相若，透过封闭自己并设定于一个想象出来的恐怖世界中（仲田被送到未来世界，楳图终日与恶物为伍），因而产生了一股庞大的创造力，由是《漂流教室》的恐怖气氛被营造得更加入木三分。

战时的悲伤经验

《漂流教室》当中的不安及忧虑，与其说是对未来世界环境被破坏的恐惧，不如视为是从战时吸收的悲伤经验并加以重新演绎。日本人基于岛国的自然地理环境，一向对天灾有难以言喻的一份深层恐惧。楳图一雄于《漂流教室》中，给学校的变异及世界的终极同样赋于地震色彩，正好可见他的用心（事实上，他于其他作品中如《猫目小僧》，也常利用地震及海啸的场面来增加战栗效果）。

学校所暴露的残酷人性，如成人与小孩的对立，以至小孩之间同样相互杀害甚至人吃人的场面，其实均源自楳图对日本战时的潜藏记忆。事实上大家对往事的恐怖及残酷均有所闻悉，只不过于日常生活中不欲戳破安定祥和的面孔。而我相信《漂流教室》对日本人曾经造成的震撼，不在于警惕世人要珍惜未来，而是唤起埋伏于众人心底里那些不愿提起的恐怖往事。由是说明大家在慈祥面孔的背后，内心其实非常残酷甚至充满仇恨，作者就是利用关谷来说明这一点的。

作者以大和命名故事中的小学，就有以此作为日本整体的寓意。无巧不成书，这正好与另一本日本政治漫画名作《沉默的舰队》相同，后者同样以大和来命名肩负起维持世界和平的独立舰国。在流于冗长的反复磨练中，楳图一雄正是站在战后的角度，在强调"学习→吸取教训→再重新尝试"的乐观可能性。此举无疑是他作为漫画家所执持的其一信念底线。

1999 年

楳图一雄简介：

出生于奈良县，为人幽默、开朗、喜爱散步。他从小学四年级已开始通过函授漫画课程学习画漫画，自此便运用画笔和墨汁去创作。高中时代，他所绘的单行本漫画首次出版。 他曾在大阪的出版社工作了一段时间，可惜后来出版社倒闭。二十多岁时到了东京，开始在少男和少女漫杂志上连载恐怖漫画，赢得各方赞誉。其代表作品为《漂流教室》及《猫目小僧》等。

3.7

幻想与科学的两端
——日本漫画中之末日论

日本人一向对未来末日的刻画十分沉迷，而呈现在漫画世界中的更屡见不鲜。自然是因为他们是世上曾最接近世界末日的一个民族，两次原爆的经验让他们体验到人间炼狱的滋味。在长崎及广岛的原爆纪念馆，存有大量的原始"炼狱"素材，供日本人回味警惕。在接近"炼狱"的同时，更重要是日本人因此有机会接触到人性的黑暗面，由是对人类生存的信心以及存在的本质，均生出一些负面的思考。

现世即末世的隐喻

严格来说，漫画营构末日的方向基本上可分为两个，一是自我设定的概念，这类作者对有关末日出现的科学根据不会太执着，因为他们注重的是末日到来后对人性困境的刻画。

楳图一雄的经典名著《漂流教室》绝对是当中的表表者。书中他利用一次地震制造了二度空间的离奇构思，俨然已成为现世漫画的经典。即使到了望月峰太郎的名作《末日》（原名 *Dragon Head*，中文繁体版本由台湾尖端出版社出版），也仍然沿用一次地震的经历，设计将一群中学生困在隧道中，以强化与外界隔绝的绝望空间感。无论是楳图一雄还是望月峰太郎，他们着眼的均是"末日"降临的世界，然后彼此在绝境中相互折磨及仇杀。

当然楳图一雄很清楚地表明，他把末日希望全寄托在小孩身上。如《漂流教室》中的高松翔一直是在末日世界中逆流作战的勇者，楳图一雄在此肯定的是小孩身上那种尚未受污染的善良本性才是末日的救赎希望。

这一点在《我是真悟》中表现得更明显。阿悟与真玲的结婚生子计划，正是一种把人性未受污染善良的一面转移到另一时空的渴望。《我是真悟》没有营造一种末世景象，却利用机械人世界的来临来强化现世即末世的隐喻，可说这是另一种的深刻末日论述。

  在《末日》里，望月峰太郎同样将末日世界加诸于一群中学生身上。青木照与高桥信雄的相互死战，表现出了困局中的两难——青木照的命题是，如何在一切已疯了的世界中继续讲求是非黑白的价值观念。濑户憧子虽然受到高桥信雄的蹂躏，但仍不愿青木照置他于死地，这也是对末日世界的未知而无从面对的表现。在末日世界，真的有另一种价值标准吗？那是潜藏于人内心的兽性，还是受外在环境而改变的人心？诸如此类的疑惑，正是漫画家在末日塑造中努力去寻索的问题。

科学化的末日威胁

另一种末日描绘，则采取科学化的务实态度，企图使一切恐怖的情况表现出更强烈的真实感。齐藤高雄的《天崩地裂》（原名 *Breakdown*），便把世界末日的成因归咎于小行星撞向地球，背后的罪魁祸首乃是人类，因为人们想用导弹击落小行星，可是行星内部积聚了大量的压缩瓦斯，于是迅即爆炸且分别击向地球遂导致末日来临。

书中提及的末日形成论，恰是某些科学家所执持的一种看法，在著名的科普读物《宇宙的最后三分钟》（*The Last Three Minutes: Conjectures About The Ultimate Fate of the Universe*）中，保罗·戴维斯（Paul Davies）在第一章已开宗明义指出世界末日是因彗星撞向地球，人类只能完全无助地等候末日的降临，即"宇宙的最后三分钟"。当然最早的警告来自美国天文学家布瑞恩·玛斯登（Brian Marsden）的研究，他计算出一颗名为"史威夫特－搭托"(Swift–Tuttle) 的彗星会于 2126 年再度出现，而且有百万分之一的机会撞向地球。

《天崩地裂》中用导弹击落小行星的观念，其实是氢弹之父爱德华·泰勒（Edward Teller）提出的，他认为可以利用配备大型核子弹头的火箭，击落小行星以解除危机。即使我们搁下科学家的实验研究推论，也可从宗教学上去寻求解释。最近畅销一时的《圣经密码》（*The Bible Code*），作者迈克·卓思宁（Michael Drosnin）同样查出"史威夫特—塔托"、"彗星"及"2126"

年等密码一起出现在圣经中。事实上，在其他的篇章中，作者也宣称搜寻到过"小行星"、"恐龙"、"它将击打拉哈伯"（"拉哈伯"即上帝击打的龙）等字眼，由此推断出科学家认为恐龙是因小行星撞击地球而灭绝，在圣经中早已得到明证。换句话说，即使用圣经密码的方法解释，某颗天体和地球相撞而导致末日出现的机率也十分大。

所以，齐藤高雄在《天崩地裂》中营构的末日世界是有科学根据支持的。而他也着力针对一种忽然而来的巨变恐慌去刻画人心的惶惑，正因为被蒙在鼓里，加上种种文明的障妄已导致人类已无力再与大自然建立亲和的关系，所以末日带来的恐惧滔天盖顶，教人无法逃遁回避。

末日的启示

对于这群沉溺于末世塑造的作者来说，大家关注的始终是人性的底线以及人类在末日的出路。所以他们不约而同在漫画中寻找寄托人。《漂流教室》为高松翔，《我是真悟》为阿悟与真玲，《天崩地裂》为大友，而《末日》中则是青木照及濑户懂子，他们都肩负起拯救人类的任务。这也是我们唯一的凭依，又或是对人类最后的一点信心——当然一切也无可避免地带有一厢情愿的理想成分。只是，由现世的人去说末世的故事，我们又能够做什么呢？

"宇宙的最后三分钟"——我们等着瞧吧！

1999 年

文化解毒：日本锁国的末日版

我认为曾利文彦《2077 日本锁国》（2007）把锁国政策的意思倒转过来，实在颇具创意。日本锁国本来指德川幕府时期，因为担心外国传教士来日传教会威胁幕府的统治，所以 1633—1639 年，先后颁布了五次"锁国令"，一方面禁止日本船出海与外国人通商，违反者立处死刑；同时亦取缔了天主教在国内的传教活动，故当时仅剩下幕府军队的根据地长崎可以保留有限的通商活动。

德川幕府的锁国政策是为了避免统治地位动摇及外来者不同形式的入侵（如以宗教为名的文化侵略），但《2077 日本锁国》却易旗改帜，提出锁国是为了自我强化，最终目的是为了去侵略他人。这种对锁国的新诠释，构成了电影推进的悬疑动力，让观众去期待了解究竟日本锁国后到底"自我增值"了多少。

这是由半被动锁国转变为主动锁国的构思，当然从电影文本去看，主动锁国终于酿成灭族的惨剧。导演没有改变闭关锁国的历史，最终悲剧还是降临，甚至借此来做一历史讽喻——日本人本质上对闭关锁国的幻想从来没有放弃，一直暗地里希望保持民族的纯粹并怀揣着成为一族独大的法西斯之心。

你当然可以从 Maria（由松雪泰子饰演）一伙人的角度切入，来捕捉另一道脉络。那就是后末日情怀的思考——日本一向对末日处境极度沉迷，漫画《漂

流教室》及《末日》等，都是最佳的代表作，但《2077日本锁国》有趣的地方是针对后末日做出了反思。末日之所以令人惊恐，在于不知哪一天真正降临，而大家只知道死期不远，于是构成庞大的心理压力。然而后末日的处境，好像是从一开始就知道自己已死——电影中所有人被植入疫苗后，已注定会进化成为生化机械人，反正民族已亡，反过来可以从容坦然而活。这就是作者对日本上下层面分离的敏锐观察。

2007 年

3.8 到底是谁变态？
——吉田战车札记

印象中，外语世界（指日文以外）对吉田战车的介绍可说绝无仅有。卢子英兄于两年前在《香港经济日报》的《漫画风》专栏内曾为文撰论这位"变态漫画鼻祖"（卢兄语），这也令我对吉田战车产生了兴趣。后来台湾的东立出版社在1997年出版发行他的成名作《传染》繁体中文版，可说是功德无量之举，中文读者终于可以亲睹吉田战车之貌了。

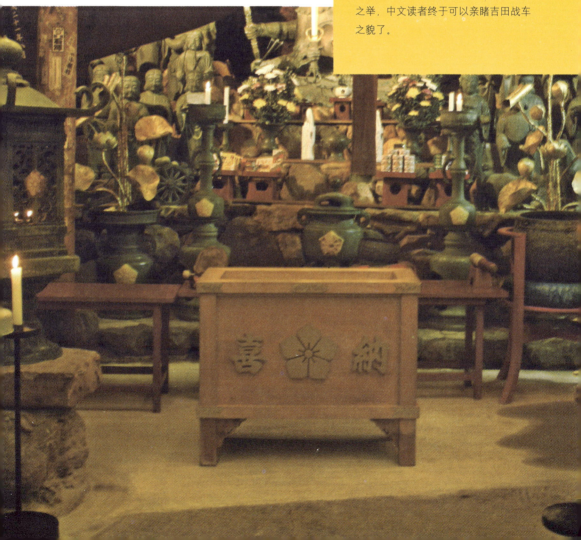

吉田战车与久米宏

不过坦白说来，《传染》与我后来看到的吉田战车作品相较，可以明显看出其仍是吉田练习式的初期作品。当然他的四格漫画爆笑力仍然十分惊人，而且创作出来的人物（如水獭及留学生威廉等）均有令人捧腹大笑的魅力。卢子英认为吉田战车的杀手锏为"让不适当的人物做着不适合的事，变态的情节油然而生"，这就是《传染》中的笑料泉源。

不过我倒想进一步说一下吉田战车的说书人精神，其实一切乃由他在《传染》第三集中的附记中提醒我的，他说工作时都习惯开着电视机，当然只听声音而已，而 News Station 是他最心爱的电视节目。News Station 是朝日电视台的王牌新闻节目，1985 年 10 月开始首播，主持人久米宏原本是一搞笑艺人，并无新闻工作经验，但朝日电视台大胆起用他做新闻主持，为新闻节目的发展史揭开新页。他打破了不少过去的习尚，如不再穿老气横秋的西装，亦不再每集保持固定的套装，更重要的是他拒绝再坚守主持人客观中立的立场。

换句话说，他开始在播报新闻事件后加上自己的意见，有时候他的直言会使受访的嘉宾不知所措。久米宏甚至曾经针对自民党的议员未能执行承诺而加以批评，因此激怒了节目的赞助商丰田汽车公司，令丰田要撤销赞助。但因为其口碑太好，电视台上下均支持 News Station，而其他公司亦一涌而上来争做赞助商。News Station 的成功，结果亦惹来其他同行的跟进仿效，TBS 便曾以 Prime Tie 来应战，不过不久便无声无息地结束了。

"不当"的越界者

吉田战车在《传染》中使用的策略其实和久米宏十分相似。不少人都会留意到吉田战车四格漫画中的生活感很重，只不过他加入了爆笑的片段，从而使那种日常的荒谬感加倍浓烈。

其实他正好恰如自己钟爱的电视节目主持人般，利用四格漫画将日常遇到的生活小节加以揶揄。那种"不适当"的身份，其实与所建构出的漫画人物统一协调。换句话说，吉田战车也是一个"不适当"的越界者，恰如久米宏在接受访问时的表白："我并非新闻从业人员，只不过是一个主持人。News Station 是一个电视节目，自然需要娱乐性。"

于是吉田战车同样也在《传染》里对身边的男女老少议论一番，把他们想成日常的"新闻事件"，成为茶余饭后的笑柄。在这重意义上，吉田战车是一位颇为成功的说书人，在边说边演的过程中不断加入自己的意见；而同一个故事，差不多每一次说出来都有差异（例如第一集欲加厚鞋的笑料，简直与刘镇伟在《西游记》上集之《仙履奇缘》大玩时空桥段不谋而合，在受众愈不相信一切会重头来过

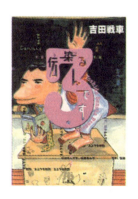

之时，作者愈会不断急促地将片段一次又一次地上演，把荒谬感推至极端），令大家看得不亦乐乎。

　　当然如果论及作品的完整性，吉田战车之后的作品，如《年轻山贼》及《一生悬命机械》还有更值得发挥的空间。只不过还是待将来再出版中译本时再做详论吧。

1999 年

3.9

漫画迷世界游踪
——在美日穿梭追踪 Otaku

大家都在谈论 Otaku。这一个日本文化用词仿佛在世界上孕育出生命力，而且生生不息。

其实 Otaku 可译为"御宅"，是"你家"的敬称。它本来源自法文，原意为形容所有类型的动画电影；来到日本后，在俚语中成为泛指各类型的"粉丝"（Fans）——只要沉迷于某一事物，就成为那一类事物的 Otaku。所以我们可以有时装 Otaku、计算机 Otaku，甚或 AV 咸片 Otaku，当然用得最广泛的仍是指动画方面的 Otaku。

美国 Otaku 的产生

Otaku 之所以能够广为人知，其实也拜美国一直积极引进日本动画，因此 Otaku 文化亦透过英语书籍得以展现于世界舞台。安东尼娅·李维（Antonia Levi）在 *Samurai from Outer Space* 中，对日本 Otaku 文化的"西移"有颇详细的背景介绍。众所周知，日本动画进入美国市场早始于 1960 年代的《小飞侠》（*The Astro Boy*）及《小白狮》（*Kimba the White Lion*），那时这些片集是已配了音且改变了播放习惯来适应美国观众的，所以很多人都没有留意它们来自日本。

直到迪斯尼借鉴了《小白狮》的造型，衍生出《狮子王》（*The Lion King*），才显露出背后的文化运动轨迹。1994 年 8 月，50 位日本动画师联同 150 位业内人士，公开向迪斯尼投诉《狮子王》抄袭《小白狮》，尽管迪斯尼矢口否认，但欲盖弥彰的举动更想令人了解事实的真相。

另外进入 80 年代后，大量重量级的日本动画电影登陆美国，由《宇宙战舰》（原名 *Space Cruiser Yamato* 改为 *Star Blazers*）到《超时空要塞》（由原名 *Macross* 改为 *Robotech*），由此产生了新一代美国 Otaku 族群，再加上大量录像带的引入，以及配音或配字幕的两种形式，令到 Otaku 族群有了活动的基础。

Otaku 之区别

严格来说，Otaku 的美国版基本上与日本原义仍是颇有差别的。Otaku 在英文中的意思，基本上仅用来指称沉迷日本动画的发烧友，而不涉其他含义。换句话说，引用安东尼娅·李维的戏言，"他们是一宁愿不吃东西，也要省下钱来买最新进口动画录影带的族群"。

日本和美国自然也有文化差异，当中不仅是配音或配字幕的区别（当然死硬派则坚持拥护价钱贵上一大截的字幕带），而且有美国人接受另一种文化的障碍。

日本漫画界的女红人高桥留美子（Takahashi Rumiko），曾在 *Amazing Heroes* 的访问中坦言不知为何国外会如此追捧她的作品。"如果是真的（指受欢迎），我自然很开心。但坦白说，我实在不明白我的作品为何会受到如此厚待。我在作品中放进很多日本的背景、生活方式及自我感受……我实在好奇究竟外国读者如何理解个中的一切。如果可以，又是怎样学懂的？"

安东尼娅·李维认为高桥留美子的怀疑绝对有道理，但可以解释的是动画迷其实有自己的阅读消费方法，而不一定局限于作品原来的用意。

自我生产文本的创作力

正如之前所说，Otaku 在日本的应用较为广泛，以 Otaku 为名的组织多不胜数。如冈田斗司夫、唐泽俊一及眠田直组成的"Otaku Amigos"，就是以"Otaku 艺人"的身份于 1995 年结合的组织。

值得留意的是，清楚交代出自己的 Otaku 身份，其实是要道明自己是哪一类 Otaku。例如冈田斗司夫自言为"SF 及模型的 Otaku"（他目前在东京大学教养学部任"Otaku 文化论课程"讲师），而唐泽俊一则是"古本 Otaku"（即旧书迷），所以 Otaku 的范畴可说十分宽广。

在他们三人共著的 *Otaku Amigos* 中，所讨论的内容正好说明了 Otaku 的无限可能性——当然动画只是其中的一部分。从美国自主制作的动画到《恐龙家族》、Street Fighters 伪装版、SF 美少女动画，到《幽游白书》迷所拍的 AV 都有，可说是各适其所，什么都有可能出现。

说到这里，其实大家都应该看到，Otaku 其实只是 Fandom（迷现象）理论中的另一族群。这与约翰·费斯克（John Fiske）于《解读大众文化》（*Understanding Popular Culture*）中所说的基本上分别不大，在"沉迷"的活动及现象中，"粉丝"的认同在于社会文化（这里指所有消费者）的相互关系而非美学的质量；这并不是说"沉迷"的对象在美学上毫无价值，而是指前者才是形成该族群的基础。

故此美国与日本的 Otaku，最大的联系其实仅在动画漫画上。而在日本国内反而有更广阔的解释空间，当然无论把 Otaku 放到哪一个文化领域，它必然会拥有 Fandom 理论中所谓自我生产文本的创作力量。安东尼娅·李维提到部分狂热的 Otaku 会购回原装影带自己配音，这正反映出"沉迷"的无限想象和创意。正是对做 Otaku 有深深的沉迷，冈田斗司夫才撰写了一些关于 Otaku 的书籍。

1999 年

美国的综合性 Otaku 网页：
www.otakuworld.com
由简介 Otaku 中常用词汇到其他实用资源都包罗万有。

文化解毒：《小飞侠》杀入美国

手冢治虫的名作《小飞侠》竟然可以在美国落地生根，想起来就觉得不可思议。《小飞侠》由意马国际（IMAGI）负责，它成立于2000年，最初以制作电视动画为主，如《时空冒险记》及《挑战者》等；2007年推出首套自制的动画电影《忍者龟》（TMNT），美国票房达5400万美元，全球累收9500万美元，成绩算理想。

《小飞侠》登陆美国始终令人难以想象，当年《小飞侠》正是针对美国而来。美国的日本动漫研究权威弗雷德里克·L.斯科特（*Frederik L.Schodt*）在《小飞侠论文集》（*The Astro Boy Essays —— Osamu Tezuka, Mighty Atom, Manga/Anime Revolution*）中，娓娓道出其中的背景。原来当《小飞侠》于1951年出现时，机械人的构思对绝大部分的日本人可说是遥不可及，尤其是二次大战战败后，日本的科技水平被很多国家认为很落后。

在手冢治虫仍是医科生的时候，他认为大部分日本人对科学有一种自认不足的自卑感，所以创作了一本《科学漫画》，这正是他激励民心的善意手段，针对的就是美国。

半个世纪后，没有人想起当年针对美国而来的《小飞侠》，到今天才"反攻"美国，并成为本年度最受关注的漫画巨制。不知是否出于一种恶搞，美版

小飞侠竟然有穿衣裳!

　　据意马公司副总裁(动画部)张汉宁指出:"原著的 Astro Boy 不穿衣服,但身边人全部有着衫,感觉好怪,所以我们的小飞侠大部分时间都穿着衣服,且原版样子较像小孩,眼睛很大,但要打入好莱坞,外型就需成熟一点,但美国最初的设计,外表又太成熟,不断修改才成现在这个少年的模样。"看来美国要吸纳《小飞侠》,无论怎样也先要来个下马威,免得日本机械人自由自在于美国领土肆意横飞。

2009 年

3.10

新海诚的乡愁魅力

香港国际电影节策划的"2007 夏日国际电影节",为本地观众介绍了新海诚,也选映了他三部作品。其中只有《秒速 5 厘米》在影院公映,不过另外的《云之彼端,约定的地方》及《星之声》均以影碟形式在香港全面发行,所以对影迷来说,也没有错过什么。

对我来说，新海诚的处女作《云之彼端，约定的地方》仍显稚嫩，到《星之声》才算建立了《秒速5厘米》的美学基础。回溯重省，我觉得别饶况味，因为就好像追寻一位武林高手他的一招一式究竟从何而来，所以《星之声》即使不是很成熟的短篇作品，然而却是认识新海诚不可或缺的条件之一。

我认为对空镜及画外音的运用，是新海诚的必杀技。前者着墨于细节，此所以我身边凡是对日本有亲身体验的友人，往往都可以被新海诚的动画要素勾起一丝"乡愁"——由雯时经过标着JR的列车车厢，到一份彻头彻尾拟真度极高的日本报纸，又或是便利店外的招牌，均流露出极浓厚的生活气息。而画外音与空镜的结合，产生出一重既疏离又亲密的异样感情——表面上好像有角色不断在牵引情节及感情的起伏，而画外音本来就是制造疏离效果的惯常手段，好教观众去旁观剧中人的变化流转；至于空镜上的不对位，则给观众制造了广阔的想象空间，唯其如此，观众才得以将按自己与空镜所呈现的景物而产生的私密感情，赋予于剧情身上——这就是我所谓导演一边想我们抽离，一边又要我们私密投入的辩证式杀手锏。

和《秒速5厘米》相若，新海诚最精彩的地方仍在于他诗化的念白——《星之声》远远未及此，但他在最后宇宙激战的场面上，同样用了平行对剪（美加子与升有八年的时间阻隔——前者正在天狼星与敌人死战，后者则竭力去争取成为宇宙舰队成员）及绵密细致的分插念白。一句句没有主语的诗化句子，与地球的日常风景和宇宙的江湖死战，终于产生了无可比拟的诗意效果。

『秒速5センチメートル』主題歌
One more time, One more chance
山崎まさよし

《秒速5厘米》的樱花美学

日本一向对初恋纯美的捕捉别具一手，岩井俊二的《情书》也绝非凭空之作，他的《烟花》连小学生那神迷糊不清的倾慕感觉都可以拍得如诗如画。

《秒速5厘米》同样对影像极为敏感，而且可说是 MTV 美学的高手——请不要误会，一般而言称呼导演为 MTV 高手，大抵都是贬多于褒。不过这次我真的由衷佩服新海诚的细致，当然山崎正义演唱的主题曲 One more time, One more chance（原是他的一首旧歌）绝对功不可没。"旅途上的小店／报纸上的角落／明知道你不可能出现"，又或是"等待电车通过的平交道／明知道你不可能出现"等等，均一矢中的地捕捉到樱花美学的不可再现性，而且更与电影中核心的交通工具美学互相紧扣。

事实上，我所指它的 MTV 美学，并非指第三部《秒速 5 厘米》中的 MTV 片段，而是第一部"樱花抄"中一边以主题曲的音乐铺底，一边由男主角在火车上作喃喃独白。友人说那令她勾起罗兰·巴特的《恋人絮语》，我想那肯定是浅易版，也唯其如此，背后那份 MTV 的震撼力才遽然而发 —— MTV 美学一定与思考性无涉，那是一种直观的体认，在脑际的多重感官奋张下，令人无力抵挡。"樱花抄"中运用的正是一种等待的 MTV 美学，MTV 一向是以满溢为标准，但导演却一次又一次地作延缓处理，用诗化的念白来延长观众的心理时间，于是那好像永不到站的车程，恰好同时吞没了我们的期待。

当然栃木的想象也是一大卖点——新海诚选择明里的迁居地其实并不远，就是关东的一个县。唯其如此，贵树的渴求才可以更加强化那种可望而不可及——不少友人都以为两人遥隔南北，于是才好像有牛郎织女的叹喟。其实在贵树仍未迁往鹿儿岛前，两人不过近在咫尺。但不要忘记他们不过是初中学生，也因而令本来不成问题的空间距离，产生了好像有万丈阻隔的心理距离。

2007 年

文学世相　陆离浮绘

PART 4

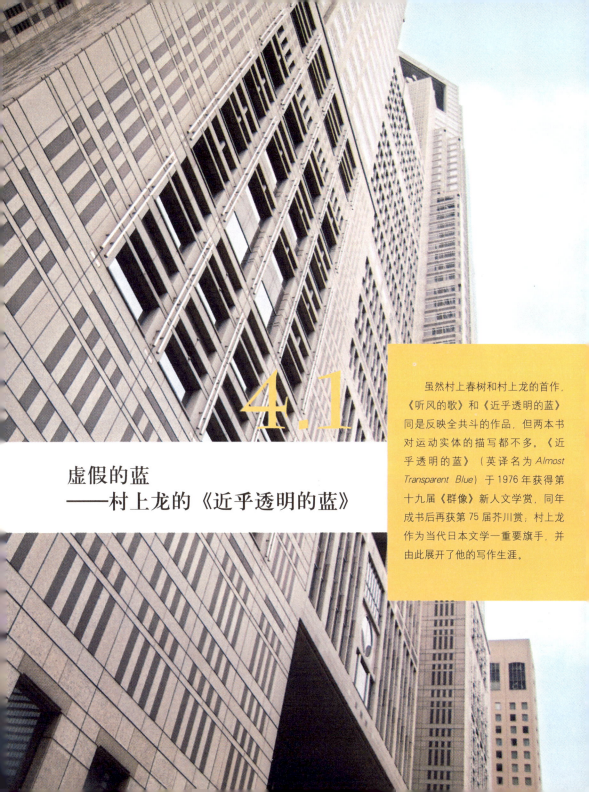

4.1

虚假的蓝
——村上龙的《近乎透明的蓝》

虽然村上春树和村上龙的首作,《听风的歌》和《近乎透明的蓝》同是反映全共斗的作品,但两本书对运动实体的描写都不多。《近乎透明的蓝》(英译名为 *Almost Transparent Blue*)于 1976 年获得第十九届《群像》新人文学赏,同年成书后再获第 75 届芥川赏;村上龙作为当代日本文学一重要旗手,并由此展开了他的写作生涯。

村上龙生于九州长崎县的佐世保市，本名龙之助，大学时和友人组成摇滚乐队，名为 Coelecanth（腔棘鱼），演奏披头士及滚石乐队的曲目，据闻甚受当地女高校生的追捧，这时期的生活成为他另一作品《六九》的主要情节。1968 年因日本出现全国性学生运动，村上龙自称受国内及巴黎的学生运动感召，于是也投身其中。高校三年级时，他因占据学校屋顶作街垒战，而受到无限期停课处分。1970 年离开九州去东京念书，住在福生，在武藏野美术大学学习，《近乎透明的蓝》正是以此时期为背景的作品。1978 年他亲自把《近乎透明的蓝》改编后拍成电影，在当下的日本文坛中，他和椎名诚两人同时以作家及电影导演的身份活跃于传媒界。香港读者听闻的 Topaz，正是村上龙最近另一次改编自己的电影作品。

　　村上龙在福生曾住过年半左右，后来有很多无聊扫兴的古典嬉皮士云集于此，于是被迫迁居。他当年和很多年轻朋友，其中包括好几个黑人一同交往，这些人部分因使用过量药物而死去。当时的观念，无论是死于学生运动还是药物使用，都随便收拾一下了事。他自云对此感到不满，希望以客观的角度在书中描述这些问题。于是开始写作《近乎透明的蓝》（原作题为《给阴蒂添牛油》，现改成《近乎透明的蓝》，乃指一天中最美好的时间——黎明时分太阳出来前，太阳突然亮起来约 30 秒的那种感觉。）

　　一般日本学者谈《近乎透明的蓝》，必然提到全共斗的背景。其中我想这和日本经济的高度发展不无关系，经济起飞令一切运动失去吸引力，当务之急反而是从历史包袱中解除压力。无论是《听风的歌》还是《近乎透明的蓝》，其中和"运动"本身相关的描述可说绝无仅有。村上龙自辩不满于世人对那个

时代的敷衍了事，但《近乎透明的蓝》所呈现的却是一个更"不负责任"的境况，因为书中人物皆无特定的反叛对象。村上龙企图以迷药及滥交来表达众人的叛逆青春，且常加上不具完整意义的"文化名相"幻象，其中呈现的可能是作者的臆想病态——妄图把虚耗青春的历程提升至具有价值意义的"运动"层次。

我说《近乎透明的蓝》"不负责任"，乃指小说的结构，村上龙任由零碎的资料、元素纷争在书中呈现，恍如 Lilly 注射迷药后拿起 *The Charterhouse of Parma* 看，后来向 Ryu 求教时，便随手弃置在绒毯上。

但《近乎透明的蓝》各女主角互相映照的关系较为清晰。Lilly 基本上作为一个独特例子给予特别处理，她自始至终没有在"群戏"中出现，而且被 Ryu 的一伙友人称作"怪异的朋友"。因为她有过光辉的日子，穿着灰鼠呢大衣的相片就是当时装模特儿的明证，在拥有"成人"优越感的同时，她也丧失了"青春"的所有感。Reike 同享过去的美丽回忆，她中学时代的叶脉标本可惜却留在学校的抽屉里，没有带来东京。日米混血儿的 Kei 背负的则是自己是母亲和美兵弄出孩子来，但父亲却不明影踪的包袱，"父亲可能在夏威夷"成为她企图越洋的唯一目的。她们和过去的关系均纠缠不清，甚至反复坚持在生死边缘，Kei 和 Yoshiyama 互相挑衅却又不能割断的关系就是其中一个例子，只有 Moko 以最轻松的态度面对境况，最后只是留下"当然要结婚"一句话，便从小说中消失，而且她并非对过去死缠不放，以前父兄很讨厌她，现在因为她是时装杂志作模特儿，母亲反而很高兴。她可以说是 Lilly 的青春乐天版。高田知波（Takada Chinami）指出，Reiko 离家出走不见父亲，Kei 的父亲则是不存在的美国人，而 Moko 的父亲又很病弱，这些共通之处乃"日本父亲"形象的稀薄化。

《近乎透明的蓝》涉及的内容和家庭崩坏、父权失效较有关系，我想"运动"的解说不过是在因应时代的氛围吧。

1993 年 6 月刊于《君子杂志》

初成本乃分两部，共三百枚稿纸左右，准备应募《群像》新人文学赏。友人翻阅后，认为部分内容不甚有趣，所以把第二部分独立出来重写，成为现貌。

4.2

作家之死
——悼念龙胆寺雄

1992 年对日本文坛来说，乃是忙于哀悼纪念的一年。去世的有通俗女作家干刈 AGATA（她的一些作品曾有英译本收录在当代日本小说的选集内）和壮年实力派的中上健次。然而更叫人唏嘘的，是日本现代主义文学大师龙胆寺雄的逝世。对我们仅听闻川端康成、夏目漱石和三岛由纪夫等的异地读者来说，他的死可能教人感到和自己风马牛不相及，但如果触悟到他和新感觉派的呼应之处，应能点燃起大家阅读的兴趣，而且更可以和中国现代文学中的「新感觉派小说」进行对照阅读。

新感觉派的主将之一刘呐鸥，于 1929 年便曾翻译了当时的日本新感觉派作家的作品，后以片冈铁兵的一篇《色情文化》命名结集出版，这些都是我们理解东洋文化的一点线索。

龙胆寺雄于 6 月 3 日亡逝，享年 91 岁。早几年前还甚为壮健，犹在构思酝酿新小说，晚上甚至仍流连于新宿歌舞伎町（日本的庶民红灯区），为《太阳》杂志撰写关于歌舞伎町的文章。

龙胆寺雄在昭和年号的初期，飒爽地以新人作家身份踏进日本文学界，他描写生活在东京的波希米亚年轻人的姿态，一跃成为当时甚受欢迎的现代主义作家。据闻他当年的稿酬以现在的币值换算，月入 2000 万日元左右。不过后来由于他批判以菊池宽及川端康成为中心的文坛风气，逐渐失去写作阵地，于是作家的身份日渐为人淡忘，后来反倒以仙人掌研究家的身份为人知晓。

战后龙胆寺雄仍在一些风俗杂志上发表小说，但文学界已大致遗忘了他。进入 1980 年代，由于都市论（都市研究）的勃兴，龙胆寺雄作为描写 1920 年代摩登都市东京的"都市作家"，又重新受人关注。

海野宏在名著《摩登都市东京》中有大幅对他的重新评价，令不少从未听闻龙胆寺雄的年轻人燃起寻索的兴趣。1984 年《龙胆寺雄全集》（昭和书院）的发行，在满足了新读者阅读渴望的同时，也成为研究文学史的一份重要宝贵资料。

龙胆寺雄生于明治三十四年（1901），在茨城县长大，后来进入庆应大学学医却中途退学，在东京过着波希米亚式的生活。昭和三年（1928）以放浪生活作为题材，写成青春小说《放浪时代》，被杂志《改造》选出获奖，受到评审委员作家佐藤春夫的激赏。之后立即又在《改造》发表《公寓的子女们与我》，得到谷崎润一郎的高度评价。

龙胆寺雄的作品与其说是理智知性的，倒不如说是彻底感觉化。他多用外来语（用片假名来拼写）来表达摩登都市东京的华丽及不断转变的风景，成为众人口里推崇的"新鲜感"，"艺术往街头去"正是他的理念主张。

《放浪时代》描写一个初出茅庐的画家和一对兄妹三人居于隅田川旁街道的共同生活。兄长是流浪者，妹妹是女学生。《公寓的女子们与我》则以新兴蓬勃的新宿为背景，将位于新宿附近的公寓作为舞台，刻画大学生、轻率的姑娘，女诗人及美少年等无根的浮草生活。

他们全都摆脱了家庭这样的束缚，在摩登都市东京的浮华中流浪。那是在直到那时为止的日本文学中，所未曾出现过的自由人形象。尤其是《放浪时代》的女主人公，她是20年代轻浮女子的化身，和兄长们去海浴，赤裸在水中往来嬉玩。与其说这是"昭和"的产物，倒不如说是"20年代"的形象展现。

龙胆寺雄喜欢捕捉瞬息变化的都市印象，纷陈的景物恰如橱窗内的玩偶般来去不定。咖啡馆、霓虹灯、大字标题又或是汽车、唱机及望远镜等，龙胆寺雄对这些容易变换的影像甚为喜爱；或许应该说，他更钟情于像这样的从玻璃

橱窗所反射出来的都市影像。所以即使他曾于一时险被忘掉,但实际上以一个作家来说,说不定还是一回幸福的事。

但我想在这次龙胆寺雄重新"面世"的过程中,更重要的是让我们清楚地看到当代人的兴趣取向以及如何重构及影响过去历史的论述。香港杂志在不断传颂及复述"西武"故事,"西武"的口碑成为立足于此地的憧憬和发展蓝图(在消费文化的意义上说)。而日本文化界对东京的都市文化的讨论及研究其实已经有年头了,重新发掘龙胆寺雄,在整理保存历史文献或说作品的同时,也是在肯定当下课题是有探讨价值的。这种并时地满足"对象"和"自身"的论述手段,不知是否已成为一种流行模式。而我想在谈论"西武"的成功之时,大概已有一种期盼,希望它可以蓬勃向前且进一步发展;因为如果它不济了,在复述"西武"故事的地方大概就更不成话了。

1993 年 1 月刊于《号外》第 197 期

4.3

当代日本著名作家大江健三郎（Ōe Kenzaburo）在一篇论文中，曾表示日本的文学在 70 年代开始腐化衰微，而这衰落和"纯文学"的失传有着密切关系。在《日本的双重身份》（Japan's Dual Identity）中，他指出这"纯文学"起源于明治时期，战后得以充分发挥。（论文收在 Postmodernism and Japan 中，美国杜克大学出版社，1989）

从大江健三郎的论述到大田洋子的《尸之街》

"纯文学"始见于坪内逍遥（Tsubouchi Shoyo）的《小说神髓》，那是1885年——距离明治维新17年之事。但赋予"纯文学"新意义的是浪漫派先锋诗人北村透谷（Kitamura Tokoku）。北村透谷在东京的一所学校肄业后，即参加自由民权运动，后来又信奉了基督教。他竭力批评明治时期的现实社会，鼓励追求精神解放、思想自由。"纯文学"正是被用作"对照观念"，以对抗初中期明治社会大量引进西方思想，从而建立巩固维新成果的精神基础。所以"纯文学"并非如我们今天认为的那些远离大众文学的书籍，甚或是具嘲讽意味的"不流行"或"非世俗"之作。

　　大江健三郎认为日本战败有正反两面意义，在败战的同时，日本人终于第一次看到现代化后的日本之完整面貌；而作家纷纷抓住机会，精细且敏锐地勾勒出日本及日本人的真实轮廓。在这个意义下，战后的日本文学达至一罕有的高峰。至于日本文学的衰落，他认为乃1970年后之事。在日本战败后的两三年间，大批作家纷纷出版自己的作品。有埴谷雄高（Haniya Yutaka）的《鬼怪》、野间宏（Noma Hiroshi）的《阴暗的图画》、三岛由纪夫（Mishima Yukio）的《香烟》、武田泰淳（Takeda Taijun）的《才子佳人》和梅崎春生（Umezaki Haruo）的《樱岛》，都是在1946年出现的。1947年有椎名麟（Shiina Rinzo）的《午夜宴会》、岛尾敏雄（Shimao Toshio）的《岛之终》、大冈升平（Ōoka Shōhei）的《战囚》及安部公房（Abe Kōbō）的《街屋的路标》。他们作为知识分子，在战乱期间一直沉默，积压的愤怒经过酝酿后，终以文学作品的形式在战后爆发。而这群作家在日本战败时正值盛年，最年轻的三岛由纪夫只有20岁，而年纪最大的大冈升平也不过36岁。
　　他们揭露各自所受的压迫，埴谷雄高在平民运动中接受过马克思主义因此

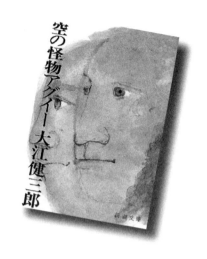

遭人排斥，野间宏则参与受人歧视的特殊部族解放运动，武田泰淳和椎名麟三因参加左翼活动而被压制，大冈升平曾被美军囚于狱中，野间宏、武田泰淳及梅崎春生均被征召服役，岛尾敏雄在收到战败的消息时，自己还是神风特攻队的机师之一。他们把随军的见闻融入作品，见证了帝国主义企图膨胀而最终逐步崩溃的过程，如武田泰淳及堀田善卫写他们在中国之所见，野间宏及大冈升平则记下菲律宾人民的证言。他们透过小说揭下天皇"神化"的面具，重新塑造"人"的精神。

使我感到诧异的是，大江健三郎的论述中并不牵涉任何女性作家。或许因为性别，女性作家没有随军征战见证荒唐世相的机会；但留守本土的仍坚持其位，沉实刻画所见所闻，以抗衡道听途说的揣测及被压制的言论自由。在这个意义上，她们同样上承"纯文学"追求超越世界的精神自由，不肯向黑暗的现实低头屈服。

大田洋子（Ōta Yōkō）生于 1903 年，1929 年在《女人艺术》杂志上登场，开始执笔，之后更被读者广泛接纳。她的《尸之街》是刻画日本遭受原爆浩劫的重要作品。从日本近代文学馆所藏《尸之街》的草稿中我们看到"如果我在每个人死之后不得不死的话，写作这回事也不得不赶快进行"。正是这一念之转，才令《尸之街》能够完成面世。

大田洋子在全刊本的后记中说："广岛市街遭原子弹空袭之时，已经并非战争了。那时法西斯及纳粹同盟军已完全败北，日本孤立地与全世界对抗。客观上战争的胜败已定……那时候已经并非战争。"日本战后围绕原爆的报道及文学均受遏制，国内产生原爆禁忌，而朝此方向写作的作家被孤立出来，遭受被爆体验的文学家更不能忍耐不应当的痛苦折磨。

1945 年（昭和二十年）1 月，为了逃避日益疯狂的空袭，加上杂志停刊，大田洋子迁往广岛市的妹妹家。原爆那天，她在二楼休息调养，霎时房中之物被风卷起，极目所见尽是毁坏不堪的家宅，所有人都无言以对，但一方面却有强烈的劲道押撞而来。青色闪光在广岛全城炸裂开，草根熊熊燃烧，然而"附近却静得鸦雀无声"（语出《尸之街》，下同）。"报纸上写'这里一瞬间化为呼天抢地的人间地狱'，那只是书写的人之既成观念……"大田洋子则认为在这一刻一切变得寂静无声，连静寂的草木也一时枯死，十分恐怖瘆人，根本没有时间让人去呼天抢地。

在不知什么时候来临的夜晚，所有人逃到河原，互相看见对方的模样，才知道发生了什么事。洋子妹妹的脸肿如南瓜，大而黝黑的眼睛成了丝线般幼细，而且还流出青黑色墨水般的液体。

　　惨淡的早上来临，洋子想着"看到腐烂的街道，心中就想被骚扰一样，精神一片废墟"。然而无论身体如何痛苦，她仍坚持以"凡人的眼及作家的眼"写作，以两种视线关注尸体遍地、极目疮痍的街道。8 月 20 日之后，幸存的人也因原爆的后遗并发症大量死去。

　　1945 年 11 月，大田洋子终于完成作品。后来从收音机的广播得悉，美军进行新闻报道管制，禁止传播原爆的报道。原稿送往中央公论后，在 1947 年初，美军驻广岛吴市（Kuri）的间谍部成员便诘问大田洋子："你的原稿除了日本人以外，有外国人阅读过吗？""谁看过你的原稿？是信奉什么思想的人？""请把原子弹的记忆忘掉。"

《尸之街》终于在 1948 年 11 月由中央公论社以学术书出版，很多敏感部分被删削。1950 年时才由冬芽书房刊行未删版。大田洋子在《尸之街》中，以"鬼哭啾啾之秋"、"无欲颜貌"、"宿命的街·广岛"、"街为尸体的褴褛席"成章，最后用"晚秋之琴"作结，洋子提到为了写作不得不强逼自己回忆旧事，凝神之际便有作呕的冲动，腹部更痛楚不堪。在原爆精神后遗症的折磨下，大田洋子于 1963 年逝世。

正是由于有不同人守其岗位，战后的日本文学才缤纷多彩并有所建树。所以在大江健三郎以男性文学历史为角度的论述之外，其他女文学家也应有其被论述的空间，因为我相信每一作家及作品均有自己存在的位置及意义。

1993 年 2 月刊于《玛丽嘉儿》第 29 期

4.4

寻找不熟悉的作家
——津岛佑子的《透明犬》

第一次听到津岛佑子的名字，乃从友人口中获悉。她是太宰治的女儿，就是写出杰作《晚年》、《斜阳》和《人间失格》的太宰治，也是和山崎富荣一起投河自杀的太宰治。于是我翻开她的自选集《草丛》，随即被她冷峻且具幻想魔力的笔法吸引；因为太宰治，令现实生活中的她吃了不少苦头。

津岛佑子（Tsushima Yuko）1947 年生于东京。1969 年于白百合女子大学英文系毕业。她的作品多次获奖，成为当代重要的日本作家之一。1976 年的《葎之母》获第十六届田村俊子奖。1977 年的《草的卧房》获第五届泉镜花文学奖。1978 年的《宠儿》获第十七届女流文学奖。1979 年的《光的领域》获第一届野间文艺新人奖。1989 年的《默市》获第十届川端康成文学奖。1989 年的《往白画》获平林泰子奖。主要著作还有《狂欢节》、《冰原》和《水晶宫》等。

　　太宰治（原名津岛修治）一生的感情生活非常复杂，曾先后四次自杀。他被视为日本现代文学中"无赖派"的代表，主打"自我毁灭"式的文学风格，弥漫着日本现代社会中人的厌世和绝望情绪。太宰治于 1938 年（29 岁）由井伏鳟（井伏鳟二也是日本现代著名作家，代表作有《今日休诊》、《黑雨》等）二代行亲职，和石原美知子结下婚约，翌年在井伏家举行结婚仪式。1941 年产下长女团子，1944 年产下长男正树，佑子（本名里子）在 1947 年诞生。翌年太宰治便投河自杀。

　　在津岛佑子出生的时候，和太宰治同时有关系的女子还有太田静子。太宰治与她生下一女太田治子（也是日本当代小说家，和津岛佑子同年出生，相差不过数月），此外还有山崎富荣，太宰治最后和她一起投河自尽。即使不作深究，也可推想到津岛佑子所处家庭中存在的种种压力，据与那霸惠子（Yonaha Keiko）的《津岛佑子论》（收在《现代女流作家论》中），津岛佑子笔下的女主角，好像都有父亲太宰治的死以及患有蒙古症的正树这样的作家自身影子在内。津岛佑子在与小川国夫的对谈《关于乡间》中提到，自己虽然并非罪犯的孩子，却抱有这种感觉。在这个意义上，如果对压得人喘不过气的童年生活置之不理，大概会纠缠下去无休无止。为了得到解脱，不是一定需要些什么吗？写作就是把纠缠在身上的秘密，处理成并非个人的东西以作终结。所谓"并非个人的东西"，与那霸惠子是指她是太宰治的女儿。在《透明犬》中，我们可以感到家庭与两性之间潜藏的种种爱恨交织的张力。那绝非是说我们要在小说中找寻对号入座的人物，不过是透过对太宰治晚年生活的简略描述，从而理解津岛佑子的创作过程。

津岛佑子在《草丛》的后记里，两次提到自己从学生时代开始已在写"自己流"（自己风格）的小说，"从那时开始一直没有改变，不分黑白地透过经历各色各样的人生来创作小说"。所以到了30多岁把"各色"作品收结成《草丛》这一自选集。她认为即使作品被批评为"非现实"也无所谓，人不是都受困于其所抱持的另一个世界吗？"眼下的现实，只有一种时间在延续流动。人确实不可能从那里逃走出来，但令人们活下去的动力，实乃从不同的梦与心象而来。直至现在，我仍然坚持这样的想法。"

《透明犬》吸引我的地方，第一是女子和母亲这一对形象的幻变，她们不单只在小说末尾融合重叠在少年脑中，而且基本上一直也以并排形象穿插于小说当中：依赖、不善沟通，无法独立。两人在少年眼中，恰成为爱恨的分向投射，也是男性对女性——作为爱人与母亲身份的反映。她们在以男性为中心的叙事体中（以少男的意识流为主）被塑造成弱者的形象：母亲不分大小向他者撒娇，女子不断需要别人"照料"。她们成为眼下世界的失败者，然而透过心象的变形，却可插足于"非现实"的领域从而影响人的心理。作为母亲变形体的白兽，以它的悲鸣控制改变了环境。而与女子神交的透明犬，同样会出其不意地制止少男投石的报复；且与雪地融合连成一体（小说的原话是"陷藏"起来），和少年后来想逃出房间却无处容栖恰成强烈对比。不可忽视的是在少年的内心深处，透明犬乃母亲的另一个化身（在两次寻找的过程中，少年都成为蒙眼的追捕人，小说清楚地提及这种捉迷藏情绪）。而我想，津岛佑子笔下的女主角（女子／母亲），不单涉足"非现实"的世界；说得玄一点，她们可以与大自然结合，得到一种解脱。

所以少年不能应付的，并非和心象纠缠的"非现实"领域，反而是客观的自然世界。无形的冰冷感觉不断从长靴涌入体内加上凌厉飘雪的追赶，令少年除了家之外无路可逃。相反，作为母亲变形体的白兽，本身正是积雪的化身。而小说中每个人都害怕雪积在身上，只有女子不怕，由它自然而然地存在。少男和母亲先后两次为她扫去积雪，女子都不很愿意。她们这种"非现实"的梦幻心象，透过对"大自然"的共感，产生了"现实"意义上的立足点。

然而津岛佑子笔下的女主角，并不宜被看成普通的"女性"一般的形象。小说中朋友的母亲就是敌人而非友人，与其说那变体形象之对立面是以男性为中心的叙事体，倒不如说是"普通"人。明显地母亲和女子都是被作为"异己"看待，母亲究竟做了什么事令丈走出走，女子的花和狗是一个怎样的世界，这都不是身旁的人能明白的。于是粗暴的行为出现了，如少年怒踢母亲，朋友辱骂姐姐（女子），用这些来掩盖内心的偏执不安。母亲和女子背后的"谜"（在常人眼中不正常的地方），似乎才是"非现实"世界的钥匙。

另一处吸引我的地方，是小说叙事的时间差转化。小说以少男的眼光和意识流铺陈叙述，一开始便带着悬疑的笔法推展，仅仅透过少年零星的回忆来慢慢编织人物关系，而回忆的片段，不约而同地为协助少年完成当下判断而来：归途中的碰面是发现女子魅力的契机，朋友的"怪人"缓和了自己对寻犬疑团的忧虑，因为舅父的斥骂母亲令他对母亲的不敬释然。然而当少年再回到女子身旁（第一次搜索结束后），叙事体里的过去部分全成为未来（或说是空想），在脑中将故事朝顺少年意而行的梦中方向编织。由母亲被骂，无中生有地想到女子被谁斥骂；自己不愿再留在雪地，便空想在朋友家受欢迎招待的情形等。

　　不管叙事内容中的过去时段还是未来时段，同时一并服从于现实。前者巩固自己眼前的行为和判断，后者为当下制造欲望和幻想。然而小说末尾的叙事却集中于眼前视象和听觉上。在此提供了一个假说，过去和未来都无力应付现实当下的突发事件。因为它冲破了过去时段的经验可能，令人无法判断（谜团疑点越来越多，令少男没有头绪）。而幻想的未来，更完全派不上用场。少年面对板壁悲鸣而无从拯救的事实，正好是对人受制于现实的最佳明证。

　　这样的叙事体，我想是津岛佑子对这个世界——现实世界的时间轴，一次穷形尽相的尝试。在这一种时间中，无论往前或往后，对理解能力之外的事和点均无能为力。在这个反面论证的过程中，津岛佑子相信他世界的存在，小说由此而成。

1993 年 5 月刊于《素叶文学》第 45 期

又于 1993 年 12 月转载于《联合文学》第 110 期

4.5

新日本女性的挣扎与求存
——山本道子

在美国洛杉矶加里福尼亚大学授课的田中幸子（*Tanaka Yukiko*）曾先后编译了三本日本女性作家小说集，时间跨度由 1913 年至当代。最新一本《未划界的土壤》（*Unmapped Territories*，The Seal Press，1991年）介绍的全是当代的日本女作家（只有干刈 Agata 于 1992年逝世）。

她在序言中提到，1980年代为日本女性生活的转变期，在家庭、工作及社会地位上均有很多正面的改变。女性的工作地位被承认，出外工作的女性大为增加，无论在文化、社会还是政治等方面，女性在社会中的存在感前所未有得强烈起来。

　　但进入90年代末期，这些转变明显也有负面。离婚率上升，家庭主妇酗酒首次成为公众讨论关心的话题；抱持工作理想的女性，当开始和传统上若干男性竞争的时候，她们发觉仍须担负沉重的家务。80年代，为日本女性的混乱及猛烈转变阶段，其中包含着令人兴奋的刺激及社会上升带来的压力两方面。

　　田中幸子认为1913至1938年及1980年代，都是女性地位发生巨变的时期。她们努力从传统社会及心理压抑中解放出来，承受着历史的压力去"开辟"不熟悉的领域，再创造自己。

　　这些改变并不顺利，而且往往隐藏暗涌。所谓"妇解"，其实从没有真正成功过。石塚友子谈及1960年代女性知识分子参兴"全共斗"，以图进入社会，但发觉自己的丈夫或男友在外是绝对热诚的革命活动家，然而回到家中，却不是一个好丈夫或好友伴。这种人性矛盾里呈现的明显为自己仍是运动的"助手"而已。在重重不公平的帐幕下，日本女性要抬起头来拥有新身份，似乎绝非易事。

　　由于日本已踏上经济大国的道路，很多日本女性也随着丈夫的调职而需要面对新自我的挑战。撇开语言能力可否应付新文化的问题，作为一个自主独立的女性，移居他邦其实面临更深一层的"身份危机"。

山本道子（Yamamoto Michiko）1936 年出生于东京。1969 至 1972 年的三年间，她跟随在水产公司任职的丈夫迁往澳洲的达尔文港居住。在迹见学院念书的时候，她开始写诗。1959 年出版了第一本诗集。她的《贝帝的花园》于 1972 年获得芥川奖。其作品皆以迁居他邦的日本女性为描写对象，某种程度会结合自己的切身经验，因此开拓了日本女性文学的另一内容。

1972 年的《雨的橘子》，山本道子刻画的女主角奈可子（Nakako），正是无法面对新身份的一个人。奈可子任了六年的广告文员（Copywriter），这让她感觉生活很有意义。在挤拥而狭窄的办公室里，奈可子觉得和丈夫龙二共度四年的"家"更加亲近贴心。由于矿山公司合并，龙二被派往澳洲工作。奈可子则离开了六年来熟悉的办公室，抛掉所有一切，来到一个"只有丈夫存在的地方"。

来到澳洲，困扰她的并非语言问题（她懂英文），而是从日本承袭而来根深蒂固的一套工作伦理意识。六年来的广告文员经验，不仅把奈可子训练成一优秀的职员，而且她把工作视为自己生活的价值所在。这其实是从男性吸收来的一套日本办公室哲学——以公司的一切为自己的生活内容。而一旦离开了这种畸形的社会文化，以往一套的工作伦理再不合用，那么究竟什么才是自己的生活呢？奈可子过去在日本的时候一直非常小心，避免怀孕。然而一踏上澳洲，在龙二的车子里，她就提出决定要在这里怀一个孩子。明显地，她并不满足生活在一个"仅有丈夫的地方"。她希望拥有一个"家庭"，而这个想法是她在日本时一直没有的。在异地生物钟被搅乱的是奈可子，而不是她的丈夫龙二。

直到后来她知道丈夫有病，不能有孩子了，才令她惊觉心目中的家庭已成泡影。她躺在花园里的塑胶睡椅上，尽情舒展身体，任由雨水如瀑布般洗涤自己。因为一切幻梦都已失落，奈可子拥有的只有赤裸裸的自己——一个未能掌握自己新身份的日本女性。

　　类似奈可子的角色在山本道子的小说中并不罕见，她的成名作《贝蒂的花园》中的主角贝蒂，即使嫁了给澳洲人，也仍然有一种莫名的离愁缠绕心头。如果撇开传统小说感伤的一面来看，她笔下的人物似乎说明了日本女性在迎接新身份和角色的转换中，仍然背有很多心理包袱。

　　　　　　　　　　　1993 年 6 月刊于《玛丽嘉儿》第 33 期

《俗物图鉴——流行文化里的日本》
简体版复刻志记

    《俗物图鉴》是我于 1999 年在台北商周麾下出版的日本流行文化研究读本。尽管香港早在八十年代已刮起日本风，但由文本阅读（追看杂志及写真集等），发展至人人有第一身在地经验，始终都有一定程度的时间差异。再加上对普罗大众来说，日本的流行文化常被看作玩物遗志，除了少数有心人之外，主流意见认为乃难登大雅之堂之物，所以当年香港出版界遑论对研究日本流行文化的读本，甚至对介绍日本流行文化的读本也无意制作，这也交代了书从未在香港出版的背景因由。

    近年随着社会气氛的改变，我由《整形日本》、《命名日本》及《日本中毒》所走过来的"日本研究三部曲"出版历程，某程度说明了中国已不仅把日本看作消费对象，涌现于后者的各式光怪陆离现象，均一一有预警本土的作用，于是出版界及读者都倾向以较为社会学的角度，去思考分析日本当下处境与眼前社会状况的对照，希望可以得出一鳞半爪的启示。

    此所以当出版社做出重刊《俗物图鉴》的提案，我清楚知悉它本来就是"日本研究三部曲"的前身版本，因此也乐于见到它有回归"故乡"的机会。当然，我明白十年光阴的距离，早足以产生翻天覆地的变化，故此亦决定以"复刻增补版"的形式处理让她面世。我尽量不去改动原书的文章观点及脉络，因为当中的确可带出那时候的看法，但为了可与当年的观点或现象作隔代的对话，我会在各篇之后增补日期，从而建构历时性的互动刺激。当然，部分章节下亦会增补新加入的篇章，而为了让读者易于识别，所有文章的篇末均会补上年份以作区别，希望书的新旧读者，同样可以从中觅出新意。

早在《整形日本》推出内地版之时，我已发觉不同区域的读者对内容上的兴味也有一定程度的差异。《整形日本》内地版较繁体版增加了一辑"回转村上"的文章，意外地牵引出不少读者的响应探问。日本文学不是我专攻的范畴，但囿于一向爱作浪游人，遇上优秀作品总不肯掩卷，所以今次也同样增补上一辑引介非主流日本作家的文章，希望可以聊慰同好切磋交流。

细心的读者应不难发现，书中对某些日本流行现象的探讨，其实与"日本研究三部曲"一直存在千丝万缕变化相承的关系。由《悠长假期》到《新世纪福音战士》，我也忘记了一共写了多少篇针对以上对象而发的分析文章。我想指出的是：流行文化一直都是流动幻变不定的，也正因如此，观照的角度也理所当然地随时推移，从而产生无穷无尽的趣味。唯其如此，才教人爱不惜手。

最后，内地版邀请到殿堂级的香港小说家董启章撰写长序，董兄抽丝剥茧深入肌理为文分析，实在是我个人莫大的荣幸。凡此种种，未及言谢。

图书在版编目（CIP）数据

俗物图鉴 / 汤祯兆著 . —济南 : 山东人民出版社，
2012.9

ISBN 978-7-209-06733-1

Ⅰ . ①俗… Ⅱ . ①汤… Ⅲ . ①现代文化—研究—
日本 Ⅳ . ① G131.3

中国版本图书馆 CIP 数据核字（2012）第 191556 号

责任编辑 : 李 楠
图片提供 : 汤祯兆 于瑞环 刘蒙雨 丁 莉 苗 海 王海玲
装帧设计 : 宋晓明

俗物图鉴

汤祯兆 著

山东出版传媒股份有限公司

山东人民出版社出版发行

社 址 : 济南市经九路胜利大街 39 号 邮编 : 250001

网 址 : http://www.sd – book.com.cn

市场部 :（0531）82098027 82098028

新华书店经销

山东临沂新华印刷物流集团印装

规 格 16 开（170mm × 210mm）
印 张 14.75
字 数 130 千字
版 次 2012 年 9 月第 1 版
印 次 2018 年 10 月第 2 次
ISBN 978-7-209-06733- 1
定 价 32.00 元

如有质量问题，请与印刷单位联系调换。（0539）2925888